Bremer Schmunzelgeschichten

Ernst B. R. Dünnbier

Bremer Schmunzelgeschichten

herausgegeben
von Linda Sundmaeker

Edition Falkenberg

Editorische Notiz:
Die Textauszüge wurden zusammengestellt aus den drei Büchern von Ernst B. R. Dünnbier: Bremische Schmunzelgeschichten, Band 1: Auf gut Bremisch; Band 2: Bremen Best ! und Band 3: Auf Neptuns Dreizack aufgespießt, die zuletzt 2015 in der Edition Falkenberg erschienen sind.

Titelabbildung: Peter Fischer, Winkeldorf

1. Auflage 2023

ISBN 978-3-95494-316-6
www.edition-falkenberg.de

Inhalt

Wo fängt man einen Bremen-Besuch an? 7
»Ick bün doch keen Bremer!« 10
Dreimal ist Bremer Recht 11
Die hanseatischen Brüder 14
Reisebericht von 1749/50
von Johannes Ryhiner 18
Lang to un laat di man smecken! 19
Herbe Tischsitten (seit 1545)
(in alten Annalen nachzulesen) 22
Eeten mokt Spoß – mutt bloots noog sien!
Suupen mokt ok Spoß – mutt bloots fix
gahn! 24
Grünkohl oder Braunkohl? 28
Schnäcke – Redensarten – Besonderheiten 31
Nu ma sinnig! 34
Weer't mag – de mag't! 38
Dascha sagenhaft! 42
Lögenhaft Vertellen 46
Man tau! 50

So ehm unt ehm! 55
An den Pfahl gepflockt 59
Nu komm man nich vonner Rolle! 64
Nichts – Nicks – Nix heißt soviel
wie »Daar kannst nix bi dohn!« 69
Zunächst das weniger 70
Und nun das mehr 71
Bremer Allerlei – »So'n büschen umzu« 74
Missingsch 87
Berufsbezeichnungen:
bremisch – missingsch – platt 91
Bremer Typ-o-logie 103
Bremer Namensgebungen und Namens-
deutungen 113

Wo fängt man einen Bremen-Besuch an?

Am Roland, im Ratskeller oder im Hafen! So wird dem Gast Bremen gleich von seiner besten Seite vorgestellt.

Ein Bremer danach befragt, wie es ihm geht oder auch vielleicht »wie einen dagegen ankommt«, gibt als erschöpfende Antwort: »Na, so ehm unt ehm!« – Das heißt, dass man sich zu arrangieren weiß, ist aber auch Ausdruck wohlgeübter Unterkühlung, um nicht drastisch sagen zu müssen: »Dat geiht di gor nix an!« Er handelt immer nach der Devise: »Nur nich keinen Streit vermeiden!« Ansonsten gilt die kurze Begrüßungsformel: »Tsieh, geht's denn?« mit der gleichfalls knappen Erwiderung: »Na, muscha woll!« – Das ist nicht plattdeutsch, sondern typisch bremisches Missingsch.

Hat man sich länger nicht gesehen oder trifft sonst irgendwo in der Welt aufeinander, dann ist ein »ischa woll nich die Möglichkeit!« der Ausdruck höchsten Erstaunens, weil es seit dem letzten Mal nicht erst ein paar Jahre, sondern schon viel länger – nämlich »seit Djahrenden« – her ist. Und mit einem freundlichen »Tschüss ok!« ist solche Begegnung dann auch schon wieder beendet.

Doch trifft man sich im Hafen, dann heißt es zu jeder Tageszeit (auch abends) schlicht nur »moin, moin!« Das jedoch muss man dem Gast schon erklären, falls er selbst kein Nordlicht ist. Das altdeutsche (und auch artverwandt niederländische) Wort für gut ist »moije«, deshalb statt »moijen Dag = Guten Tag« eben das schlichte »moin«.

Das »Tschüss« hat sich dagegen inzwischen weit bis zum Süden hin eingebürgert und ist eigentlich eine Abwandlung vom französischen Adieu.

Für den erstmals nach Norddeutschland und nach Bremen kommenden Besucher wird vielleicht manches zunächst unverständlich klingen, denn im Hafen wird untereinander ein urtümliches Platt gesprochen; genau so war es an Bord, solange es noch Schiffe unter deutscher Flagge und mit deutscher Besatzung gab. Das jedenfalls versteht jeder Jantje (Seemann): Hol Ogen op un kloren Kurs, sunst supst du af un bist inn Mors.

Die Sprache des Seemanns aber ist auf eine wundersame Weise international. Wenn dagegen ein Bayer, ein Sachse und ein Ostfriese urplötzlich aufeinandertreffen und versuchen sollten, sich miteinander in ihren eigenen urwüchsigen Heimatsprachen zu unterhalten, wird erst nach einer längeren akustischen Eingewöhnung erreicht, dass man einander versteht. – Doch wenn Seeleute einander begegnen, dann ergibt sich ein lebhaftes und gestenreiches Sprachengemisch, das der Spanier mit »ensalada« bezeichnet, also ein Sprachensalat aus Deutsch, Englisch, Französisch, Spanisch und noch weiteren Sprachbrocken. Das wird überall auf der Welt verstanden und funktioniert mit erstaunlicher Treffsicherheit. Nur aufschreiben kann man das nicht. (Als modernes Gegenbeispiel könnte man höchstenfalls die Computersprache anführen, die allerdings den Uneingeweihten mehr als »Techno-Chinesisch« vorkommt.) – Aber ein Wort gehört nun überhaupt nicht zum Sprachschatz des Seemannes, und das ist das nicht auszurottende »Ahoi!« als Inbegriff aller Seemannslieder.

Das »Seemannslatein« dagegen ist überhaupt keine eigene Sprache, sondern allenfalls eine eigenwillige Form des Erzählens von für andere unglaublich klingenden Erlebnissen. Und dabei wird überhaupt nicht und »nie nicht« – gelogen, auch wenn es als ein »lögenhaft Vertellen« eingestuft wird. Ein Seemann sagt immer die Wahrheit – zumindest so, wie er sich erinnert. So ein klein wenig Ausschmückung ist doch nur dabei, um die jeweilige Geschichte etwas farbiger zu gestalten. Dann klingt das alles viel besser. – Und nicht alles gesagt, ist doch noch lange nicht gelogen. Was man getan und erlebt hat, so wie es wirklich war, das glaubt zu Hause doch keiner. – Versuchen Sie es einmal! – Und auf platt klingt das auch noch viel verträglicher: Schietweer kannst seggen – aber nicht auf hochdeutsch; un to'n Schietkerl kannst ok mol »du Heini« seggen, aber zum Chef »Sie Heini« ist echt hochdeutsche Beleidigung. »Du Döskopp« is fründlich – aber »Sie Dussel« ergibt zumindest eine Abmahnung.

»Ick bün doch keen Bremer!«

… so hört man wohl einen Nichtbremer sagen, und dann noch mit dem Zusatz: »Ich bin doch kein Bremer und lass mir die Arbeit aus der Hand nehmen!« – So wenig kennt man uns, denn: Wir lassen uns die Arbeit nicht aus der Hand nehmen! – Was wir erst einmal angepackt haben, das führen wir auch durch, ganz egal was andere davon denken. Nur gehen wir den Dingen auf den Grund, gehen sie nicht überstürzt an, sondern mit Bedacht und dennoch mit Wagemut.

Darum steht auch als Bremer Wahlspruch am Haus Schütting, dem Sitz der Handelskammer am Markt: **»Buten un binnen – wagen un winnen«** – wobei mit »winnen« nicht Gewinn im Sinne von Profit gemeint ist, sondern der beharrlich erreichbare Zielgewinn.

Der Sinn dieses Wahlspruches liegt auf der gleichen Linie wie die andere Jahrhunderte alte Erkenntnis: »Bremen wees gedechtig; lat nich mehr in, du bist deren mechtig!«

Auch dafür ist die Erklärung wieder ganz einfach: »Es ist zu bedenken (gedechtig), dass man nicht mehr übernimmt (inlaten), als man in seiner Macht bewältigen kann (mechtig wesen).«

Auch das überall bekannte **»Dreimal ist Bremer Recht«** bedeutet, die Dinge mit Bedacht anzugehen, das Wesentliche nicht aus den Augen zu verlieren und nach reiflicher Überlegung das Richtige zu tun. Darum: *»Ick bün een Bremer!«*

Dreimal ist Bremer Recht

Für die weit verbreitete Redensart, die zuweilen auf die konservative, gründliche Art bremischen Wesens bezogen wird, gibt es viele

Deutungsversuche. Sie beziehen sich auf die in der Volkskunde belegte, überall beliebte Verwendung der Dreizahl, »Aller guten Dinge sind drei«. Überzeugender scheint die rechtsgeschichtliche Wurzel, z.B. bezogen auf die drei Rechte oder Vorrechte der Bremer: »das Tragen von Gold und Pelzwerk für die Ratsherren, eigene Gerichtsbarkeit, freie Schifffahrt auf der Weser« – oder auf die von Kaiser Friedrich Barbarossa in der Urkunde von 1186 verliehenen drei Rechtssätze über die Freiheit derjenigen, die ein Jahr in der Stadt gelebt haben, über die Bewahrung des Erbes durch den Stadtvogt für den nächsten Mannserben und über die Sicherung von Grundeigentum nach einjährigem Besitztum.

Vielleicht hat die Bedeutung der kaiserlichen Rechtszusage die genannten Rechtsnormen im Bewusstsein der Bürger und ihrer Nachbarn derart gesteigert, dass sie sich in dem Spruch »Dreimal (dreifach) ist Bremer Recht« ausgeprägt haben (lt. Werner Kloos, Bremer Lexikon).

Eine weitere bremische Eigenart ist der ausgeprägte Bürgerstolz, sowohl was die Liebe zu seiner Heimatstadt anbelangt als auch seine Einstellung zur Übernahme von Verantwortlichkeit. Großsprecherische Protzerei hat es in der bremischen Geschichte nicht gegeben, und die ist inzwischen über tausend Jahre alt. Das Freiheitsbedürfnis gegenüber staatlicher Obrigkeit zeigt sich in augenfälliger Weise in der Umschrift des Schildes des Bremer Rolands, der Sinnfigur der Eigenständigkeit und Unabhängigkeit:

»Vryheit doh ick ju openbar,
de Karl un mennich Vorst vorwar
desser Stede gegeven hatt,
des danket Gode is mien Raadt!«

In diesem Zusammenhang dürfen auch die Sprüche zitiert werden, die sich auf zwei Wandschildern im Festsaal des Neuen Rathauses in Bremen befinden: »Frei wie die Welle, der Ihr vertraut, fest wie die Schwelle, drauf Ihr gebaut!« und »Was Ihr von Vätern Gutes erhalten, sollt Ihr den Spätern treulich verwalten!«

Zur Weltoffenheit Bremens gehört auch die geschichtliche Bindung an die Hanse im späten Mittelalter. Die Kaufleute und Seefahrer haben mit Bremens »Schlüssel zur Welt« den guten Namen unserer Stadt hinausgetragen und diesen stets würdig vertreten.

Doch ebenso weltweit bekannt wie der Bremer Schlüssel sind auch die vier Symbolfiguren, die Bremer Stadtmusikanten. Deren Geschichte ist in fast alle Sprachen der Welt übersetzt worden. Sie stehen an der Westseite des Alten Rathauses und sind ein von Bremern wie auch von Besuchern gern angelaufener Treffpunkt (genau wie der Roland).

Die hanseatischen Brüder

Wenn die hanseatischen Hafenbrüder BREMEN und HAMBURG zu fröhlichem Gespräch zusammentreffen, ist eine gutartige geschwisterliche »Kabbelei« eigentlich unausbleiblich. Eben wegen der Ähnlichkeit – und doch um der gewissen Unterschiede willen:

Hamburg ist zwar größer und schöner – wie man dort meint. Dafür hat Bremen es mehr mit der Feinheit und Gediegenheit, wie wir es sehen. In zwölfhundert Jahren hat sich dann sehr viel örtliche Eigenheit auf beiden Seiten herausgebildet.

Hamburg versteht sich als Tor zur Welt und zeigt es durch seine Hammaburg im Wappen. Aber – und das ist wesentlich – wer hat denn den Schlüssel dazu? – Wir Bremer!

Sich gegenseitig zu besuchen, da möchten es die Hamburger lieber, dass man von der Weser zur Elbe kommt, denn welcher Groß-Städter fährt schon gern »in die Provinz«? Bleibt nur die Frage, ob dem Bremer Kleinstädter das Großstadtgehabe der Elbmetropole überhaupt gefällt. In Bremen bleibt alles doch noch irgendwie überschaubar, von der Politik natürlich abgesehen. Aber die ist in Hamburg auch nicht besser.

Schon der Verkehr: Die an der Elbe haben »U-S-Schnelltakt«, d.h. U-Bahn und S-Bahn. Uns dagegen an der Weser stufen sie herablassend als »Dorf mit Straßenbahn« ein. – Der Hamburger Hafen wird von der hochbogigen Köhlbrandbrücke überspannt. Doch mit deren Technik und Statik haben sie so einige Schwierigkeiten. Aber eine »Erdbeerbrücke«, so wie wir, die haben sie nicht aufzuweisen.

Dafür geht es beim Rundfunk und Fernsehen ganz in die vollen, um nicht zu sagen, dass Fernsehen »voll ins Auge geht«. Der NDR ist eine Vierländeranstalt mit viel Gerangel um die Anteile. Wir sind mit unserem kleinen Radio Bremen da wohl besser dran.

Von Politik reden wir lieber nicht, höchstens in zwei treffenden Personenbeispielen. Aus

Hamburg kommt der Alt-Bundeskanzler, der dort seine Karriere als »Schmidt-Schnauze« begann. Unser alter Bremer Präsident des Senats Koschnick war ihm, zumindest zeitweise, als Bundesratspräsident und Vertreter des Bundespräsidenten sogar noch über, und er ist bekannt als »Hans, der Polit-Schnellsprecher« mit den überhaspelten Silben.

Doch auch bürgerliche Typen haben beide Städte bekannt gemacht. Von »Klein-Erna« und ihren Erlebnissen erzählen viele nette Kurzgeschichten. In Bremen ist »Fisch-Lucie« in die Geschichte als schlagfertiges Markt-Vollweib eingegangen.

Ebenso darf auf den Hamburger Wasserträger Hummel verwiesen werden, dessen drastische Antwort weltweit bekannt ist. Wir Bremer haben dem nur »Heini Holtenbeen« entgegenzusetzen, dessen Ausspruch »Schanne wert« man auch überall verwenden kann.

Zwar keine Schande, aber auch kein Prunkstück ist das Eroshochhaus am Anfang der Reeperbahn. Dagegen können wir nur einen kleinen »Provinz-Hafenstrich« und ein paar Hafenkneipen bieten. – Aber dafür gibt es eine andere interessante Farbtonverschiebung: Hamburg hatte vor einiger Zeit echte »Grün«-Probleme, während man unsere Bremer Uni allgemein mehr unter einem »Rot«-Aspekt betrachtete. Dafür liegt diese bei uns jenseits von Bürgerpark und Stadtwald; und Hamburg befindet sich mit »Planten und Blomen« inmitten der Stadt in dieser Hinsicht unleugbar vorn.

Doch wer sonst in der Bedeutung vorn oder hinten liegt, darüber soll unter Brüdern nicht gestritten werden. Das ist so wie mit der brüderlichen Teilung des Tortenstückes. Jeder möchte gern »die größere Hälfte« haben.

Lassen wir es dabei bewenden. Es hat jede Stadt ihre Besonderheiten, und ihre Bürger haben sie auch. Gerade darum mögen wir hanseatischen Brüder uns doch so gern.

Aber auch literarisch kann man den Bremer Eigenarten nachspüren:

So lernen in der Schule die Kinder schon das Lied von »Roland der Riese vorm Rathaus in Bremen«. Und der Ratskeller findet nicht nur Erwähnung bei Heinrich Heine. Insbesondere bei Wilhelm Hauff mit seinen »Phantasien im Bremer Ratskeller« wird die Verträglichkeit der hier ausgeschenkten Weine gewürdigt.

Auch Anton Kippenberg hat mit seinem Buch »Geschichten aus einer alten Hansestadt« sehr viel Bremisches für die Nachwelt festgehalten. Und Lüder Döscher hat in seinen »Rathaus-Plaudereien« über Radio Bremen soviel Bremisches berichtet, dass seine Vorträge Stoff für drei gute Bücher abgegeben haben.

Wer es jedoch ein wenig frivoler mag, der kann auch am Gedicht von Joachim Ringelnatz seinen Spaß haben, an jenem Dichter, der nach dem Ersten Weltkrieg seine vorherige Seemannszeit in der Gestalt des »Kuddel Daddeldu« in bissigen Versen auferstehen ließ.

Reisebericht von 1749/50

von Johannes Ryhiner

»Bremen hat einen sehr schönen Hafen, und die Handelschaft allhier ist beträchtlich, die Lebensart der Leute schlecht und das Geköch von sehr schlechtem Geschmack. Das Frauenzimmer schmauchet allhier mit denen Mannsleuten Tobac, und man bekommt auch nicht selten von diesem Geschlecht einen Bartputzer zu sehen. Doch seind sie eben nicht sonderlich wohl gestaltet. Es ist allhier nichts Sonderliches zu sehen, als der so genannte Bleikeller, darinnen die toten Körper, so hinein gesetzt werden, nicht verwesen, sondern als Stein hart werden, es seind deren, so über 200 Jahre allda liegen sollen, so noch ganz unversehrt seind. Man will als die Ursach hiervon angeben, dass man allda sehr viele Bleitafelen umgegossen, und dass der hierbei ausgedünstete Schwefel dem Ort solche Würkung zuwege gebracht habe. In dem Stadtkeller bekommt man Rheinwein von anno 1625 und 1685 zu kosten.«

Lang to un laat di man smecken!

Wenn in Bremen ein gesellschaftliches Ereignis zu befeiern ist, das einen historischen Bezug hat, dann besteht immer ein enger Zusammenhang mit Schifffahrt und See, mit Hafen und Überseebeziehungen.

Dass Bremen im vorigen Jahrhundert ein sehr bedeutender Auswandererhafen war, von dem aus vieltausend Menschen in die »Neue Welt« hinausfuhren, um ihr Glück draußen zu machen, ist weltweit bekannt und hat für die Schifffahrt sehr viel Aufschwung bewirkt. Wer aber weiß schon, dass im Mittelalter auch Bremen der Ausgangspunkt für die Pilgerreisen nach Santiago de Compostela in Nordspanien war zum Grab des hl. Jakobus dem Älteren? Der war im Jahre 44 von Herodes Agrippa in Jerusalem enthauptet worden, und dessen Gebeine gelangten nach Spanien, wo man sein Grab um 820 entdeckte. Er gilt seitdem als Patron der Jakobus-Bruderschaften, die seit dem frühen Mittelalter sich der Betreuung der Pilger widmeten. Noch heute werden in diesen elitären Bruderschaften – verbunden mit einem Liebesmahl – karitative und gemeinnützige Zwecke unterstützt.

Auf den Jakobus stößt man als Statue, erkenntlich mit Pilgerstab und Muscheltasche, gleich dreimal in Bremen: an der Ostseite der Martinikirche, Bremens ältester Schifferkirche; im Kreuzganggarten des St. Petri-Doms; und als Plastikbüste an der Packhauswand in der Wüstestätte im Schnoor. Im Volksmund wird diese Plastik als »Juxmajor« bezeichnet (von Jacobus major), hat aber nichts mit der Juxfigur eines Faxenmachers gemein. Aber schon als Kinder kannten wir hier den Abzählreim: »Edelmann, Bedelmann, Doktor, Pastor, Kaiser, König, Juxmajor«.

Das älteste Liebesmahl ist aber die »Schaffermahlzeit« der 1545 gegründeten Seeleute-Stiftung »Arme Seefahrt«, die seit 1561 »Haus Seefahrt« heißt. Immer zum Ende der winterlichen Liegezeit versammelten die in der Stiftung tätigen Kaufleute und Reeder ihre Kapitäne um sich, um gemeinsam zu »schaffen«, d.h. miteinander zu tafeln. Das ist der Ursprung der traditionsreichen »Bremer Schaffermahlzeit«, die bis zum Zweiten Weltkrieg immer am 2. Freitag im Februar im Wappensaal des »Haus Seefahrt« in der Lützower Straße im Bremer Westen – und damit in Hafennähe – stattfand.

»Navigare necesse est« lautet die erhaltene Inschrift des alten Portals – »Seefahrt tut not«. Dieser Wahlspruch ist jahrhundertelang das Leitmotiv für deutsche Reeder-Initiative und für nautischen Wagemut gewesen. Auf persönliche Einladung der drei kaufmännischen Schaffer, die immer drei Jahre im Voraus gewählt werden, dürfen namhafte Persönlichkeiten aus Politik und Wirtschaft daran teilnehmen, aber nur einmal im Leben. Und als Bremer überhaupt nur dann, wenn man selbst aktiver Schaffer gewesen ist. Nur die Kapitäns-Schaffer werden jedes Jahr aus der langen Bewerberliste der seefahrenden

Mitglieder ausgewählt. Traditionsreich wie die Stiftung selbst sind auch die seit Jahrhunderten festliegende Speisenfolge und die Anzahl der dabei zu haltenden Reden. Erst nach dem Zweiten Weltkrieg ist diese Veranstaltung ins Bremer Rathaus und in die Obere Rathaushalle geraten. Aber auch dort erklingt unverändert zu Beginn das: »Schaffen ünnen un baben, Schaffen – schaffen, in Gottes Namen!«

Herbe Tischsitten (seit 1545)
(in alten Annalen nachzulesen)

Schaffermahlzeit im »Haus Seefahrt«: In dit Huus herrscht strenge Sitten. De ole Huusordnung von Schipper Öllerlüüd un sämtliche Schipper-Bröder einhellig bewilligt un berahmt im Johr unsers Herrn 1581 beseggt unner A över dat Schaffen: »Dormit een god Regiment un Freden mag sien, sall en jeder sich bestens beherrschen, sall sienen Naber und anner Lüüd nich haun und stöten und op keen Wies bi'n goden Drunk em möten. Man sall bi't Schaffen nich so deep in't Glas rin kieken und nich mit leddige Gläs und Buddels smieten. De Huusgesetze sind, so lang dat Schaffen duurt, ünner allen Umständen to respekteern.«

Denn dat will ick den geehrten Anwesenden verraden: Wer gegen de Huusordnung verstött, de ward von Schaffen utslaten und von de Fallreepsgäst vor de Wind ut de Döör rut laten.

Des Bremers »fünfte Jahreszeit« sind die Monate des deftigen Winteressens, wenn – nach erstem Frosteinfall, bestimmt aber ab dem Buß- und Bettag – es Zeit ist für das Bremer Nationalgericht »Braunkohl und Pinkel«. Nichtbremer betrachten es als »Grünkohl mit Grützwurst«. Aber auf die Zubereitung, die Zutaten und die Beilagen kommt es an. Da hat der Magen schon einiges auszuhalten, und es muss mit Bier und Korn kräftig gegenan gegangen werden. Zur Schaffermahlzeit gehört dieses Kohlgericht auch, als ein Gang in der Speisenfolge.

Auch bei der »Bremer Eiswette« ist es seit 1829 festes Tafelritual. Für Bremen war es immer bedeutungsvoll, ob die Weser »geiht« oder »steiht«, d.h. ob der Fluss auch im Winter schiffbar blieb, um die Schiffe ein- und auslaufen zu lassen. – So entsprang aus einer fröhlichen winterlichen Tischrunde einstmals die Wette als

Voraussage für das kommende Jahr. Die Verlierer mussten für die Gegenseite das Essen bezahlen. Als Stichtag wurde der 6. Januar, der Dreikönigstag, festgelegt, an dem ein 99 Pfund schweres Schneiderlein mitsamt glühendem Bügeleisen das Wesereis am Punkendeich überschreiten müsse. Gewettet wird heute noch und kräftig getafelt auch. Nur ist daraus ein Großereignis von gesellschaftlichem Rang geworden mit erheiterndem Zeremoniell, inhaltsvollen Reden und einer einträglichen Spendensammlung zugunsten der Deutschen Gesellschaft zur Rettung Schiffbrüchiger, die schon seit Jahrzehnten den leichtgewichtigen Schneider per Rettungsboot die Weser überqueren lässt.

Eeten mokt Spoß – mutt bloots noog sien!
Suupen mokt ok Spoß – mutt bloots fix gahn!

In Bremen ist alles anders, meinen die Nichtbremer. In Bremen ist alles nur ein büschen anners, sagen die Bremer. Hat aber mit Politik rein gar nichts zu tun, denn die ist hier nicht nur etwas anders, sondern die ist sogar völlig anders als annerwegens (anderenorts). Die kapieren wir selbst nicht.

Das ist schon so mit der jahreszeitlichen Reihenfolge. Bremen hat nicht nur vier Jahreszeiten, sondern deren fünf: Zwischen Herbst und Winter findet der Bremer Freimarkt (»Ischa Freimaak!«) statt, und das ist des Bremers fünfte Jahreszeit. Ist so, wie im Rheinland und in Westdeutschland der Karneval die erste fröhliche Jahreszeit darstellt.

Damit liegt auch schon die jahreszeitliche Reihenfolge des Küchenfahrplans fest: Nach dem ganz einfachen Rezept »Gut, aber viel und deftig, der Zeit entsprechend und kräftig« kann man den Geschmack des Bremers und Mutters Küchenfahrplan sehr gut am Kalender verfolgen.

Saisonauftakt für das Bremer Nationalgericht ist im Herbst: Im November hat der Kohl schon den ersten Frost über sich ergehen lassen. Man ist dann »so richtig jieperig« auf »BRAUNKOHL UND PINKEL«. So recht vollkommen mit schwerwiegenden Zutaten wie plattenweise aufgetischten frischen und geräucherten Bauchspeck. (Wegen des rotweiß gestreiften Specks nennt der Bremer seine Flagge auch die »Speckflagge«). Dazu Unmengen von Kassler und Kochwurst. Ganz perfekt wird das Gericht aber erst durch Pinkel. Und die muss hausgemacht sein, wofür jede Bremer Hausfrau ihr Geheimrezept hat, das sie nicht einmal der besten Freundin verraten würde, aber das sie selbstverständlich an Tochter und Schwiegertochter weitergibt. Traditioneller häuslicher Auftakt dafür ist der Buß- und Bettag. Was kann man in der trüben Novemberzeit sonst besser tun als eben gut essen?

Spätestens im Januar unternimmt man als »Ganztags-Programm« die Kohl- und Pinkelfahrten. Zumeist »unter sich«. Es soll aber auch vorkommen, dass Männlein und Weiblein ganz getrennt voneinander in unterschiedlichen Vereinsverbänden oder Freundeskreisen losziehen, wobei der Zielort bis nach dem Start geheimgehalten wird. Und, oh Wunder! Am Ziel trifft man sicherlich auf eine Gruppe des jeweils anderen Geschlechtes. Würde ja auch zu blöd aussehen, wenn Männer nur allein miteinander tanzen müssten.

Die größte Verantwortung liegt bei dem jeweiligen Festausschuss. Er muss das Ziel aussuchen, dort eine Zeit vorher »vorkosten«. Er muss die Wanderstrecke festlegen, für die notwendigen Überraschungen und »Schluckstationen« sorgen. Und schließlich muss er durch geschickte Regie sicherstellen, dass alle rechtzeitig in der ersehnten Kohl-Kneipe eintreffen, wo dann tatsächlich pünktlich serviert wird. Zur Ausschmückung der Wandergruppe gehören das Kohlblatt am Hut, das Schnapsglas »am Band« um den Hals (kann notfalls auch ein Eierbecher sein) – und eine auf die Teilnehmerzahl wohl abgestimmte Menge Flaschen klaren Schnapses, der bei dieser Witterung von selbst kalt genug ist. Wichtig: »Trink nur klare Schnäpse, dann merkt die Leber nichts!«

Bei Tisch sind dann die Begeisterungswellen nicht zu dämpfen. Der Wettstreit liegt im Viel-Essen. Und dazwischen gilt: »Zwischen Leber und Milz passt immer noch ein Pils!« Denn man weiß doch: »Ein Helles ist auch was Reelles!«

Der jeweils jährlich neu zu kürende Kohl-König kann nur der mit der größten »Futterleistung« sein. Mit schlechtem Gebiss ausgestattete Langsam-Esser fungieren dabei außer Konkurrenz. Darum hat die Jury die besonders schwere Aufgabe, den Würdigsten »ausgucken« zu müssen. Man kann z.B. bei anwesenden Politikern den auszeichnen, der immer »ich würde sagen ...« von sich gibt, als Zeichen seiner besonderen Würde. Die Würde kann aber auch ganz zielgerichtet verliehen werden, so z.B. nach der

Gewichtigkeit der Brieftasche, damit die Kette der »garnierten Runden« (Bier und Schnaps) nicht abreißt. Aber auch mancher sonst so würdevolle Boss fühlt sich bei solcher Gelegenheit durch den ihm verliehenen Kohlorden besonders geehrt. – Darum immer daran denken:

»To'n brunen Kohl hört Pinkel un Speck, hört Spoß un Malligkeit!« Somit erübrigt es sich wohl, den weiteren Verlauf einer solchen winterlichen Schwerarbeit zu beschreiben. Die Höhepunkte ergeben sich dabei ganz von selbst.

Im Rückblick heißt es dann: »Eet Pinkel un Kohl, denn sitt de Rock di wohl!«

Die Waage im Badezimmer zu Hause ist offenbar reparaturbedürftig. Die spielt doch verrückt und zeigt völlig verkehrt an! Wird deine Frau bestätigen, wenn sie selbst auch auf Kohlfahrt gewesen ist.

Grünkohl oder Braunkohl?

Kohl ist Kohl – könnte man meinen, aber beim Grünkohl gibt es feine sachliche und fachliche Unterschiede, zumindest zwischen Bremen und Oldenburg. Nur die Bezeichnung »Oldenburger

Palme« gilt überall in Norddeutschland (ebenso wie »Oldenburger Ananas« für Steckrüben).

Der Bremer benennt sein winterliches Nationalgericht »Braunkohl«. Dieser muss wenigstens einmal »am Stengel« Frost mitgemacht haben, bevor er überhaupt geerntet werden darf. Fertig gekocht, hat er eine etwas dunklere Farbe als der beizeiten geschnittene »Grünkohl«. Der früher übliche hochstengelige Strunkkohl wird hier schon »seit Dschjahrenden« nicht mehr angebaut, vielleicht noch in südlicheren Gefilden als Futterkohl. Heute bevorzugt man die so genannten »Lerchenzungen«. Diese Kohlsorte zeichnet sich durch feinkrause und schlanke Blätter aus.

Die regionalen Unterschiede liegen in der Zubereitung und in der Sortierung der fleischlichen Beilagen. Aber die Hauptsache ist und bleibt immer der schon optische Genuss der übervollen Fleischplatten. Mit dem Stichwort »... satt« wird solange aufgetragen, bis auch der größte Fresser nicht mehr zulangt. Wehe dem Wirt, der das nicht täte und nur abgezählte Mengen auf die Platten legt. Er würde im nächsten Jahr keine Kohlfahrt bei sich sehen.

Die weiterhin noch erwähnenswerte Eigenart dieser Mahlzeit ist der Ausstrahlungseffekt auf Andersgläubige. Wer einmal so richtig davon gekostet und diese besondere Essensatmosphäre miterlebt hat, der wird anderenorts genauso davon schwärmen und bei winterlichen Besuchen in Bremen nach solchen Gaststätten Ausschau halten, in denen gerade Braunkohl und Pinkel angeboten wird. – Der gute Ruf dieses Essens reicht bis weit in die Politik und Gesellschaft hinein. An den Bremer Brudermahlen, der »Schaffermahlzeit« des Hauses Seefahrt, und bei der »Eiswette« teilzunehmen, ist eine Auszeichnung und besondere Ehre. Und was gehört dazu? Braunkohl und Pinkel, und dann auf besonders festliche Weise zelebriert.

Schließlich könnte man noch die Frage stellen, wie man solche und andere deftige norddeutsche Kost gut verträgt. Ganz einfach: Zur Verdauung einen oder am besten mehrere »Akkervits« oder »steife« Grogs (so'n beeten recht nördlich) dagegen setzen. Damit übersteht man dann auch die anderen Jahreszeiten, bis man sich im nächsten Winter zu neuen Kohlfahrten trifft.

Darum: »Lat di man smecken!«

Schnäcke – Redensarten – Besonderheiten

»Nu man ran an de Back!« So lautet das freundliche Angebot – nicht nur an Bord –, am Tisch Platz zu nehmen. Back ist nicht nur ein Decksaufbau an Bord, sondern auch der Esstisch im Speiseraum und der Klapptisch in der Messe.

Ansonsten würde solche Aufforderung schlichtweg »Sett di, Betti!« lauten oder auf höflich platt »Goh sitten!«, also geh und setz dich!

Wenn Essenszeit ist, heißt das dementsprechend »Klar bei Backen und Banken«. Und auftragen, also »aufbacken«, muss der zur Bedienung abgeteilte »Backschafter«. Doch auch an Land wurde ein Begriff daraus, zumindest hier oben an der Küste. Somit ist klar, dass Back nichts mit der Backstube des Bäckers zu tun hat. – Im übertragenen Sinne rangiert das Essgeschirr ebenfalls als Back. Aufgefüllt wird als »voller Schlag« der Teller oder die »Kumme« (Schale) voll, und zwar mittels der großen Schöpfkelle, dem »Politicus«.

Gegessen wird mit dem »Schanzzeug«, was beim Kommiss normalerweise ein Klappspaten ist. Ansonsten sind in Tisch- und Essensgewohnheiten außer Seemannsausdrücken auch plattdeutsche Wörter eingeflossen. »Metz« ist das Tisch- oder Taschenmesser. Heißt auch »Knief«. Und der Schlachter benutzt ein kurzes Stichmesser zum Ausbeinen und nennt es »Polker«. Ein »Lepel« ist klarerweise der Löffel. Jedoch ist das »Lepelmäken« keine Tischnachbarin, sondern die Küchenhilfe, die mit dem Tranchiermesser noch nicht umgehen kann.

Getrunken wird aus der »Mug« oder der »Mugge«, die sich heutzutage als rustikaler Becher sich wieder einer großen Beliebtheit erfreut. Solange daraus Kaffee oder Tee getrunken wird, ist das ein praktisches Trinkgefäß. Aber man kann auch »Haberwelge« hineingeben. Das sind Haferflocken, die nun nicht jedermanns Sache sind. Ebenso wie manch einer »Milch mit Melle« nicht mag. Das ist gekochte Milch mit Sahnehaut obendrauf.

Der neugierige Topfgucker wird mit »Tellerlicker« tituliert und heißt bei den Seeleuten »Kombüsen-Kreuzer«. – Wenn etwas gut geschmeckt hat, besteht durchaus der Wunsch, einen »Nachschlag« zu erhalten, also zumindest noch einmal einen »halben Schlag nachfassen« zu wollen. Das abschließende Abräumen der Tafel heißt umgekehrt »abbacken«, und danach folgt »Reinschiff machen« mit »Pütz und Putzplünnen«, also mit Eimer und Wischlappen. Daraus ergibt sich, dass »Klar Schiff« der Zustand der absoluten Reinheit ist. Zum Aufwischen des Bodens bedient man sich des »Dweil« oder des »Feidels«, den man anderenorts auch als Feudel kennt. Klar, dass »Bessen« ein Besen ist, während der Staubsauger sinnigerweise »Huulbessen« heißt, obwohl diese Dinger heute doch ganz leise laufen.

Wer aber kennt heute noch den »Heiquöß« oder den »Riesböß«? Früher waren das unentbehrliche Küchenutensilien zum Geschirrwaschen. Sie wurden aus Heidekraut oder Reisig in Heimarbeit hergestellt und hießen hochdeutsch Heidquest (Quast) und Reiserbesen.

Auch moderne Gastronomie-Entwicklungen werden schnell in den mundartlichen Sprachgebrauch übernommen. Der Schnellimbiss rangiert unter »Pommes-Bude« oder »Schaschlik-Schuppen«, und die Griechen-Gaststätte wird zum »Sorbas-Krug«. Im »Frikadellen-Tempel« als »Buletten-Mekka« gibt es »Papp- und sonstige Börger«, die dem Lokal wegen der mehr oder weniger zähen Brötchen auch zu der Bezeichnung »Semmel-Krog« verhelfen, was aber hier beileibe keine Qualitätseinstufung sein soll. Das ist doch wohl »klar wie Kloßbrühe«, nicht wahr? Aber »da geht nu wirklich nichts beizu«, dass Essen und Trinken doch Spaß machen soll. Man kann es vielleicht auch so sagen: »Slopen, freten, supen – langsam gohn un pupen!«

Wer sich daran hält, der ist »een ganz geleifigen Kerl«, also umgänglich und verträglich. Und der würde sich keinesfalls nachsagen lassen müssen:

»Dat is di ober een Seepentröster!« – obwohl Seifensieder damals ganz fidele Handwerker gewesen sein sollen.

Nu ma sinnig!

Wir Bremer wollen gar nichts Besonderes sein; wir haben eben nur unsere Eigenarten, durch die wir uns von anderen Hanseaten unterscheiden. Das ist dann die so genannte »feine Bremer Art«. Andere meinen dazu aber: »Dat Fiene, dat will dor pattu nich rin!« Versuchen wir also, diese Eigenart auf gut bremisch zu erklären. »Verklokfideln« nennt man das, weil der andere dabei klüger wird. Dazu muss man die Begriffe erst einmal »auseinandertüdeln«, also wie von einem Garnknäuel abwickeln, das »Tüdelband« heißt. Weil das aus Spaß und aus Lust an der Sache geschieht, wird es »aus schier Schandudel« gemacht und geschieht gewissermaßen »aus lauter Jux und Dollerei«. Nur der »Juxmajor« hat mit solchem Spaß im Grunde nichts zu tun. Er ist das kleine Standbild des »Jacobus major«, dem Schutzpatron der im Mittelalter von Bremen nach Santiago de Compostela in Nordspanien fahrenden Pilger. Und damals war Reisen »aasig« anstrengend und keinesfalls eine »Schinkentour« oder »Kohlfahrt« wie heutzutage. Nicht nur Reisebekleidung soll »solide und gediegen« sein, sondern das Gehabe überhaupt, weil man sonst für einen »Paijjattz« (Bajazzo) gehalten wird. Also »nicht auffallen« ist die Devise, und Überschwang wird mit: »Nu ma sinnig!« abgebremst, denn von vagen Aussichten hält man hier nichts. Wer's dennoch tut, ist »Tetje mit de Utsichten«, der selbst schuld ist, wenn man ihn deshalb »verhohnepiepelt«. So sind wir schon mitten drin in der Betrachtung der besonderen Wesensart eines mit Weserwasser getauften »Tagenbaren«, dessen Großeltern schon Bremer gewesen sein müssen.

Ganz groß geschrieben wird Verlässlichkeit. Ein Mensch, »an dem man ein Tau festbinden kann«, ist ein solches Musterstück. Was der sagt, »dor kannst di op verlaat di to«. Mag sein, dass er dabei etwas »steif« oder »stur« wirkt. Dann muss er sich gefallen lassen, dass man von ihm sagt: »He hett een Ahlen int Knick stäken«, dass ihm also ein steifer Knüppel im Kreuz steckt: »He steiht dor as so'n holten Herrgott!« – Jedenfalls ist solch Urteil besser, als wenn »einer nicht in die Suppe und auch nicht in die Wurst taugt«, man also mit ihm wirklich »nix Orntliches anfangen kann«. Bestenfalls ist das vielleicht noch »ein Kerl wie'n Pfund Wurst«.

Mit der Mettwurst hat ein veilchenblaues Auge, das man sich irgendwo gestoßen hat, nichts zu tun, das heißt hier nur »Mettauge«. Wer dabei »dumm aus der Wäsche guckt«, der wird ermuntert mit »mok doch nich so'n Schellfischoogen!« Ist er darüber eingeschnappt und spielt die »beleidigte Leberwurst«, wird ihm nachgesagt: »Nu biet di man nich den lüttjen Finger af!« Nur wenn er sich dabei einer »tapsigen Benehmität« bedient, dann wird ihm bedeutet: »Bist een Kierl wie Margreten ehrn Mann, un de hett all de Anten dodpett!«

Ganz anders dagegen ist der Vergleich, wenn einer gegen den Alleskönner nebenan als Stümper abfällt und sich sagen lassen muss: »Lat di man dien Schoolgeld weddergeben!« Doch wenn er dann »gnatterig abzieht«, so nach der Weise »da geht er hin und singt nicht mehr«, dann gibt es für ihn nur noch den guten Rat: »Pett di man blots nich op'n Schlips!«

Mit einer gewissen Schadenfreude, wenn ein Vorhaben nicht geklappt hat, oder als Ausdruck der eigenen Enttäuschung heißt es wohl: »Dor harr ober een Uhl seeten!«

Denn kann »een sick frein as so'n Stint«, und die anderen »kiekt man blots ut'n Muuslock«, und sie sehen aus »as Karmelk un Spucke«, wie Buttermilch und Spucke, also so »richtig wittschen um de Nees«. Da hilft denn störrisches Aufrichten nicht mehr viel, auch wenn es so aussieht, als »he smitt sick inne Bost as so'n Swien inne Podden!«

Keinesfalls darf er sich dann irgendwelche Schwächen anmerken lassen, damit nicht die Befürchtung aufkommen kann: »Wenn he man blots nich nah Kösters Kamp (Friedhof) mutt?« – So wird der Faden dann weitergesponnen: »He is ja all man wat tüdelig« (oder rammdösig, vielleicht sogar brägenklüterig) geworden, und »de mokt dat nich mehr lang!«

Ist der Fall nicht ganz so hoffnungslos, kann es wohl heißen: »Dat schall mi denn woll verlangen, wat dorut noch ward!« In der Politik heißt die Antwort heute dazu »ich würde meinen ...«. Dagegen klingt es auf bremisch so: »... Wenn Sie mich fragen, da weiß ich warraftig nix von ab!« So wird man es schließlich doch »beleben müssen«, dass der so Bedauernswerte »mit'n Dode afgohn is«. Und das ist wohl »ne Schanne wert«. »Nu mok man halflang« heißt, wenn es damit genug sein soll.

Weer't mag – de mag't!

Schnäcke und Redensarten haben in Bremen schon immer eine besondere Sprachbedeutung gehabt, ohne dabei ihren Ursprung in jedem Falle genau definieren zu können. Einige Beispiele:

»Dor luur op – steiht op'n Dovendoorskarkhoff!« Das soll davon kommen, dass früher mal eine Wittfro ihrem Seligen mit einer besonders schönen Grabinschrift mehr Gutes an himmlischer Seligkeit wünschte, als sie ihm zuvor im Leben hat bereiten wollen. Und da hatte dann jemand, der sie wohl gekannt haben mochte, mit

Kreide »dor luur op« (= da kannst auf lauern) als ausgleichende Gerechtigkeit darauf geschrieben.

Ja, verworren sind die Wege des Lebens und so »krumm as de Weg na Pusdorp (Woltmershausen)«. Das Völkchen, das dort in Pusdorp un in Rablhusen (Rablinghausen) wohnte, war nicht weniger eigenwillig as de Buntendoorschen. Bei »de Geelbeen« von'n Buntentor wollte man so ohne weiteres nicht wohnen. Das soll jedenfalls die Antwort gewesen sein auf die Forderung, sich im Aufwand etwas einzuschränken: »Von'n Buntendoor hett ober de Paster nix seggt!«, so klang es in einem bremischen Volksstück vor zig Jahren.

Ähnlich verhält es sich »dor liggst beter as op'n Neen Markt in ne Podden!« Die Neustädter und besonders »de Geelbeen« standen früher jahrelang in dem Ruf, sehr aggressiv zu sein. So ist auch der Ausspruch entstanden: »Wahr di vör Didi, vör Heini un Fidi, wahr di vör'n Neestädter!«

Wenn etwas besonders gut gelungen ist oder ein gutes Essen sich mit leckerem Duft ankündigt, heißt es: »Dat mag Thölke to'n Neenlanne ok woll, un de is man wat lekker!« Man hält hier etwas von »gut Essen und Trinken«. Auch wenn es dann »für'n Groschen mehr sein darf«. Nur geizig darf man nicht sein. Beim sparsamen Einkauf könnte eine Hausfrau aber wohl fragen: »Mien Gott, Fro Beckmann, is dat för'n Groschen Wurst?« – Wenn etwas absolut nicht behagt und man »mit langen Zähnen drauf rumkaut«, dann ist das »drög as Sunnerkluus sien Mors«, und es »schmeckt wie Knüppel auf'n Kopf'; während Wohlschmeckendes »wie Zucker op'n Titt smeckt«. – Na ja, »weer't mag, de mag't – un weer't nich mag, de mag't ja woll nich mögen«.

Kräftig begossen würde einer »bei so'n guten Schluck gern einen zwei Meter langen Hals haben«. Und wer mit entsprechender Menge gut fertig werden kann, dem wird nachgesagt: »De kann wat slucken, wo'n Aant op swommen kann.« »Gediegenheit« ist eine typisch bremische Forderung. Sie meint den besonderen Anspruch ebenso wie den persönlichen Gestaltungswillen. Weil gut Ding Weile haben will und man nicht gern etwas übereilt, wird dadurch zur Beruhigung aufgefordert, dass dem Antreiber mit »ich kann doch nicht hexen und blaufärben zugleich« geantwortet wird. – Ist eine Sache dann richtig gelungen, hört man sagen: »Nich bloß – schitt dor man hen! – nee, dat schall ok stinken, un dor mutt ok een Spitz an wesen!« – Nur wenn es nicht so ganz genau darauf ankommt und es sich hauptsächlich darum handelt, dass es im Wesentlichen passt, dann »is dat egal as'n Stratenmaker-Boxen, un de is vörn un achtern gliek!«

Aus Volksstücken sollen auch solche Formulierungen stammen wie: »Dat sütt hier ut as vör Gesche ehrn Bedde!« Wenn es dann absolut reicht: »Gode Nach, Liesette, dat Geld liggt all op de Finsterbank!« – Und als guten Wunsch auf den Weg: »Kumm man good hen mit dien Kuffer!« oder auch »Grüß man die Hesemannsche!«

Wenn Heini und seine Freunde »vonne Schule« kommen und er so »mit einer ganzen Gitsche die Straße langs scheesen tut«, eben weil »sie das schnubendrock haben«, dann kann er »laufen wie so'n Tütt«. Nur wenn er ein schlechtes Gewissen hat und es ihm gar nicht eilt, nach Hause zu kommen, dann ist der Weg beschwerlich und »er dungelt so langsam hin«.

Eine besondere Eigenart ist im Sprachgebrauch in der Verwendung der Fragewörter und der Verhältniswörter zu vermerken. So »frägt einen«, denn: »Wo ist das für?« – und hört darauf: »Na, zu'n Essen«. Oder: »Wen seinen (seiner) ist das?«, auch: »Wen hört das zu?« soll klären, wer die gemeinte Portion bekommt. In Bremen geht man »nach'n Lanne oder nach'e Quekenfarm« (Kleingarten); man wohnt »inne ... -Straße«, wo »die Kinner auffe Pferdestraße« spielen. Vater arbeitet »innen Haben« und kommt »vonne Arbeit«. Als Bremer Jung ist man zuerst ein »Pöks« und später ein »Butjer«. Das kann sogar ein liebevoller Ehrentitel sein, genauso wie »mien lütten Schietbüdel!« Es kommt, wie bei allem im Leben, eben doch immer auf die richtige Tonart an.

Dascha sagenhaft!

Das norddeutsche Gegenstück zur eindeutigen bayerischen Aufforderung klingt hier nicht ganz so drastisch und ist deshalb nicht sogleich eine beleidigende Anspielung. Hier wird das eher zum amüsanten Frage- und Antwortspiel, wenn der Verärgerte zum anderen sagt: »Du kannst mi mol diddeln!« Dann bedeutet man ihm: »Klei mi an'n Mors!« – Und zum großen Erstaunen muss er dann vernehmen: »Ik schiet di wat – dat steiht im Bremer Dogeblad!«, womit dann der Streit aus der Welt wäre, es sei denn, der wäre von solch nachhaltiger Wirkung gewesen, dass

»einer dabei in Verschiss gerät bis in die Steinzeit!«, also zunächst einmal in alle Ewigkeit hinein. Doch das ist wieder nicht so ganz ernst zu nehmen, aber »dat kann ein ja nu wirklich nich af!« So kann man bloß fragen: »Wat schall dat?« Man ist überhaupt bemüht, einem offenen Streit aus dem Wege zu gehen, auch wenn man beteuert, dass man »keinen Streit vermeiden« wolle. So meint denn einer: »Ich soll streitsüchtig sein? – Bei dir piepst es wohl! Aber wenn einer so'ne Visage hat, da muss man doch reinschlagen!« Früher gab es zur Beilegung von Streitigkeiten die gute alte Gewohnheit, die widerstreitenden Parteien in einen der Ratskeller-Priölken zu setzen und sie dort solange zu belassen, bis sie sich bei einer oder mehreren Flaschen deutschen Weines auf eine vernünftige und tragbare Lösung geeinigt hatten.

Dennoch gibt es eine Reihe von Bezeichnungen für Schläge, vor allem für die, welche man selbst einzustecken hat. Je nach der dabei empfundenen Stärke nennt man sie Haue, Wamse, Hiebe oder Keile. So ist es, wenn man das Empfinden hat, selbst kräftig »das Jack voll« bekommen zu haben oder dass »einem das Fell gehörig versohlt« wurde. Umgekehrt sind die Schläge, die man selbst an andere austeilt, entweder nur »ganz leichte Püffe« oder sonst einfach »Kloppe«. Das ist, wenn jemand »ordentlich vertobakt wird«. – Und wenn der Vater früher seinen ungezogenen Sohn übers Knie nahm und ihm »den Achtersten verdrosch«, dann »gab es welche aus der Armenkasse«. Heute, im antiautoritären Zeitalter, geht das nicht mehr. Da kann man nur sagen »dascha sagenhaft!« Wer widerborstig ist, also Aufsässigkeit bezeigt, der gilt als »opsternatsch«.

Einerseits heißt man ein ungezogenes Kind, das »nich hörn will«, ausgesprochen »eisch«. Aber dieses schöne Wort gilt andererseits auch dann, wenn ein Ereignis als besonders ausgefallen oder vielleicht als ungewöhnlich attraktiv gelten soll. Das wäre dann eben »eine ganz eische Sache«. »Ischa woll nich die Möglichkeit!« ist ein deutlicher Ausdruck des Verwunderns ebenso wie »dascha die Höhe, is das doch!« Solche Zusammenziehungen mehrerer Wörter zu einem sprachlichen Ausdruck sind unausrottbare Umgangssprache. Als weiteres Beispiel: »Gescha ganz krumm, krischa nen Puckel!« Und das ist doch wohl eine klare Aufforderung nach gerader Haltung. Den krummen Buckel macht man. Ist aber ein körperlicher Schaden gemeint, dann ist das ein »Ducks«.

Wenn einer »was pattu nich mag«, dann lässt man ihn eben mit »man zu« gewähren. Das war schon immer so und nicht erst seit gestern. Dann heißt es »seit Djahren« und in der Steigerung des Ausdrucks »seit Djahrenden«. Doch wenn etwas richtig läuft, also eine gute und reelle Sache ist, dann heißt das ganz einfach »so rejell weg«. Damit darf auch eine deftige Portion gemeint sein mit »rejell was auf'n Teller«. Dazu wird aufgefordert mit »lang man ornlich to, dat steiht good bi Rippen!« Auch die moderne Haushaltstechnik wird schnell in den Sprachgebrauch einbezogen. Ein Staubsauger heißt bezeichnenderweise »Huulbessen«. Das Radio wird zum »Quakkassen«. Der inzwischen aus der Mode geratene Bohnerklotz wird »Blocker« genannt, und der Fernseher wird zur »Glotz-Buul«, zum »Puschen-Kino« oder zum »Billerkassen«. Der Wetterbericht ist unzuverlässig wie eh und je. Der war zu Urgroßvaters Zeiten in der Neustadt nicht nötig: Westen war das Wetterloch. Und wenn das Wetter besser wurde, dann hieß es nur: »Dat klart op achtern Swartpott« (der Schwarzpott war eine alte Festungswallbastion mit einem Pulvermagazin in der Nähe der heutigen Friedrich-Ebert-Straße, damals Kirchenstraße und später Brückenstraße). »Wittpott« gab's auch. Es war eine alte Wasserkuhle, entstanden aus einem früheren Deichbruchloch.

Lögenhaft Vertellen

Einmal angefangen, Redensarten »auf gut bremisch« festzuhalten, muss man schon sagen: »Dat is Hackelwark!« Das hat jedoch nichts mit unvollständiger Flickarbeit zu tun, wie manchmal fälschlicherweise hinter diesem Ausdruck vermutet wird. Hackelwark ist eine Ausdrucksweise für eine wiederkehrend nötige Reparaturarbeit und kommt vom »Hackeltuun«, dem Gatterzaun aus frischgehackten Strauchreisern, die regelmäßig nachgesteckt werden müssen. Wer so etwas tun muss, hat jedenfalls keine Zeit zu »vertrödeln« oder gar »rumzulungern«. Vertut jedoch einer die Zeit wirklich nutzlos und »kriegt nix Ornliches zustande«, dann »is he een Lungepunk«, also ein Tagedieb, oder »een Fuulpup«. Andererseits gilt das Betteln des Hundes um einen Leckerbissen, wenn es bei Tisch so gut riecht, auch als »lungern«. Das gleiche sagt man zu einem Kind, das ständig Süßigkeiten haben will. Und Bremer Süßigkeiten besonderer Art sind die nach Anis schmeckenden braunen Zuckerstangen, die »Babbeleers«, eben weil man sie in den Babbel (Mund) steckt. Ebenso beliebt sind »Negerküsse« und »Bremer Kluten«. Und als »mien söten Kluten« bezeichnet manch junger Mann seine schnuckelige Deern.

Mit dem Lügen ist es eine besondere Sache. Als bewusst eingesetzte Unwahrheit »mag man so etwas nicht«. In den verschiedenen Abwandlungen zeigt sich die Vielseitigkeit der Darstellungskraft. So an der Wahrheit »eben vorbeigeschwindelt« ist »flunkern«. Doch der »Flunki« ist ein reichlich unzuverlässiger Mensch. Wenn einer beim Flunkern ein wenig dicker aufträgt, dann ist es »lögenhaft Vertellen«.

Natürlich geht es dabei nicht ohne gute Ausreden, denn »drei Dinge braucht der Mann, die alle mit G anfangen: Geld, Gesundheit und gute Ausreden!« Wenn aber einer eine Ausrede »zu fett aufgetragen hat«, bedeutet man ihm wohl: »Das glaubt dir keiner, das musst du noch mal umlügen!« Dann wird aus der Zwecklüge wieder »eine gute Ausrede, und die ist Geld wert«, sie muss nur wenigstens einigermaßen annehmbar klingen. Solange man noch darüber schmunzeln kann, ist es gut. Sonst bleibt es beim missbilligenden Naserümpfen.

Kommt aber das Naserümpfen von wirklichem Schnupfen, dann »hett he nen Schnöf« und »he is een Schnuufnees«. So kann er, wenn ihm nichts Besseres sonst mehr einfällt, sich wenigstens »was durch den Kopf gehen lassen, und wenn es Schnotten sind!« Solchermaßen vom Schnupfen befallen, »fühlt man sich doch ganich bei Schick«. – »Aber da lässt man sich ja selbst nich mit durch!«

Und Chic wird bei falscher Eleganz zum Gegenteil. Der so aufgemachten »Schickse« sagt man nach, bei ihr sei »boven fix un unnen nix«, oder es heißt auch »boven hui un unnen pfui!« Da »hilft denn auch Pönen (Anmalen) nich über weg« und »bringt nix nich mehr«.

Das Gegenstück mit übertrieben biederer Einfachheit oder mit modischer Einfallslosigkeit ist, wenn »eine aussieht wie eine Trutsche«. Das ist aber was ganz anderes als eine »Tratsche«, weil damit die gerüchteverbreitende »Sludersche« oder die gemeingefährliche »Schludertante« gemeint ist. Die dürfte oft genug der Anlass sein, dass sich Nachbarn miteinander »kabbeln«, also ständig um Nichtigkeiten streiten. Kabbeln kommt von der Seefahrt und meint widerstreitende oder wechselnde Winde, die »kabbeliges Wasser« machen, was beim Schippern gar nicht sehr geschätzt wird. Hat aber einer hart am Wind gesegelt, »gifft dat nen natten Mors«. Dieser Körperteil wird beim Kleinkind in seiner zarten Rosigkeit »Pöter« oder »Zwiebackspopo« genannt. Es gibt da sogar noch eine besondere Redensart, wenn man von »pöten Mors« spricht. Das ist, wenn man sich knieweich fühlt, also wenn einem das Herz in der Hose sitzt, man also »Schiss vor de eigen Kuraasch hat«.

So betrachtet, klingt das alles gar nicht mehr so dusselig. Und dabei hat Dussel (Dummheit) mit Düssel (Stieseligkeit) nichts zu tun. Denn Düssel oder Stiesel meint den »Steh-inne-Weg«, das kommt vom senkrechten Stützholz in der Mitte der Grootdör des niederdeutschen Bauernhauses. Klar ist dagegen, dass sich »einer stieselig anstellt«, wenn er sich im Vorbeigehen daran reibt.

Nur wenn etwas »ganz verdwars lopen is«, dann »is dat een scheun Tass Tee«, also gar nicht schön. Aber wer mag schon »Tee mit Bubbels!« Dafür mag man in Bremen Missingsch. Das hat einer neulich so »verklickert«: Wenn einer plattdeutsch aufgewachsen ist und erst in der Schule angefangen hat, richtig hochdeutsch zu lernen, dann ist das, was er spricht und für deutsch hält, eben »missingsch«.

Man tau!

Die Aufforderung »man tau!« hat die gleiche Bedeutung wie »nu aber dalli – dalli!« oder auch »allezhopp!« Sie bedeutet, dass man im Sinne von »Beeilung« angetrieben wird. Die zweite Klangart ist »man zu« und versteht sich als ein Einverständnis, dass es so (oder gerade eben so) auch gehen mag. – Etwas ganz anderes dagegen ist beim Segeln oder überhaupt an Bord ein »Manntau«. Das ist eine Leine oder ein Tau-Ende zum Festhalten. Tau heißt niederdeutsch Reep oder »Lien« (Leine). Und das kurze Stück, eben dat »Tau-Enn«, ist ein »Tampen«, mit dem man so einiges anfangen kann: festmachen, verknoten – oder damit zuschlagen. Wenn er früher dazu gedient hat, jemandem wegen Ungebührlichkeit damit »den Achtersteven« (das Hinterteil) zu versohlen, dann »hett he Schacht kregen«, was aber mit dem ähnlich klingenden »Schmacht haben« wiederum nichts zu tun hat, weil das die besondere Begierde auf etwas Ess- oder Trinkbares ist. Es klingt zwar ähnlich, aber schon die andere Betonung verrät eine unterschiedliche Bedeutung: Mit »to enn« wird ein deutlicher Schlusspunkt gesetzt, eben weil etwas zu Ende oder endgültig vorbei ist. Dazu sagt man dann schlicht und einfach entweder »aflopen« oder »daddeldu«.

»Jan Daddel« ist einer, den man nicht so ganz klar einzustufen weiß, weil man nicht genau übersieht, wieviel er wirklich kann. Meistens versteht man darunter einen Typ, der »nur halben Kram zustande bringt«. Wenn er die Zeit mit unnützem Tun »vertrödelt«, dann ist er »am Rumdaddeln«. Schließlich hat er alles sinnlos »verdaddelt«, was soviel heißt, dass er alles verkehrt gemacht, also das Ganze verpatzt oder »verkorkst« hat. – Nur wenn man bei einer neuen Angelegenheit »nicht gleich in die Vollen« einsteigen will, weil man sich »erst einmal berappeln« (besinnen) möchte oder auch eine hinhaltende Vorbesprechung für ratsamer hält, dann muss man »die Sache erst was bedaddeln«, was heute im hochdotierten Management-Training wohl »brain-storming« heißt, wobei man »viel Gehirnschmalz verbraucht« und was eigentlich gar keine neue Erfindung ist. Kommt einer aber dann doch in Schwung, wird zumindest sprachlich gern wieder abgeschwächt, indem es nun »an der Zeit ist, inne Gänge zu kommen«. Sollte er im Anlauf besonders »lahmarschig« sein, dann wird er aufgefordert: »Nu komm schon endlich in ne Hufe!« So angestoßen, kommt er schließlich »innen Trott«. Aber bei zuviel »Rumtrotteln« und lang anhaltendem »Unnerwegenssein« heißt es schon: »De geiht op'n just.« Nur beim Rumflitzen zum »Einholen« (Einkaufen) wird die schnelle Gangart »rumjachtern« oder »abjachtern« (jagen) genannt, was aber ebenso die Kinder tun, wenn sie mi teinander spielend auf der Straße herumtollen, bis »ein ganz auße Puste kommt«.

Aber das macht schließlich nichts, wenn ansonsten »allns op'n Dutt is«, man alles klar beieinander hat oder eben alle richtig zusammen bekommen hat. Die genau umgekehrte Bedeutung ist bei »is in'n Dutt« gegeben. Dann ist etwas unrettbar dahin, also »kaputt bis zum Gehtnichmehr«. Auf gut platt heißt das: »Is in'n Mors!« – Bei diesem Wort sei an den Hamburger Wasserträger Hummel mit seiner drastischen Antwort erinnert. Jedoch hat der frühere sehr schwergewichtige Kapitän eines Bremer Schiffes seinen selbstgegebenen Spitznamen »Käppen Mors« nicht von diesem Körperteil abgeleitet; er fügte immer erläuternd hinzu: »Ick bün de Käppen von Mors!« (nämlich dem Motorschiff »Mars«).

Zurückkommend auf Dutt sei der Vollständigkeit halber bemerkt, dass das als Haarkranz hochgesteckte echte oder aber auch das aufgesetzte falsche Haarteil sowohl »Tüüt« als auch »Dutt« heißt, sofern man es nicht einen »falschen Willem« (falschen Zopf) oder »Bibi« (Toupet) nennt. Der genannte Bibi kann aber auch als Scherzbezeichnung für einen »altbackschen« (altmodischen) Hut herhalten und wird dann zur »Dohle« oder zum »Kapotthut«, der vor hundert Jahren als Kiepenhut oder Schute gebräuchlich war.

Doch zurück zum Käppen, dem als Zeichen seiner Würde durchaus eine gute Zigarre anstehen darf, die auf plattdeutsch zum »Stink-Stock« wird.

Anderenfalls schmökt er wohl eine Pfeife, die, wenn er Stink-Knaster raucht, zum »Stink-Brösel« herabgewürdigt wird und, wenn sie ein besonders großförmiges Exemplar ist, als

»Wanzenhammer« fungiert. Mag sein, dass er dann noch einen markanten Spruch oben draufsetzt wie »is allens Ebbschiet!« Und das ist der Wattschlick, der oben an der Küste bei Niedrigwasser sichtbar wird und »mit den keinein nich was mit anfangen kann«, es sei denn so als natürliche Schlammpackung im Nordseebad.

Im früheren Freibad Oberländer Hafen an der Weser in Bremen, dort, wo jetzt die Rettungsgesellschaft zu Hause ist, war bei Ebbe das Turmspringen strengstens verboten, weil die Gefahr bestand, dass man dabei jämmerlich im Schlick steckenbleiben könnte. – Jedoch ist es immer noch besser, Schiet an den Füßen zu haben als »Kreienschiet innen Kopp« (Krähendreck). Wer die aber hat, bei dem hapert es mit der Verstandesmenge, und der »hat eine zu niedrige Mütze« oder »einen Nagel durch die Mütze«. Mag auch sein, dass er viel Unfug anstellt und man ihm deshalb bescheinigt: »De makt blots Undög.« Und was soll man mit so einem letztlich anderes machen, als ihn an die Luft setzen. Das geschieht dann mit der kurzen Formel »3 x b«, und das heißt »bums bist buten!«

So ehm unt ehm!

Ein Bremer, danach befragt, wie er etwas so aushält oder »wie einen dagegen an kommt«, gibt als erschöpfende Antwort »na, so ehm unt ehm«, was heutzutage heißen würde, dass man sich den Umständen entsprechend arrangiert. Das ist wohlgeübte Unterkühlung, und die würde in drastischerer Beantwortung sonst so klingen: »Dat geiht di gor nix an!«

Natürlich steckt hinter beiden Antworten auch ein klein wenig Herausforderung, so »einfach aus schier Abasigkeit«. Im weiteren Gespräch kann man dann entweder einander »Kumpelmenten maken« (Komplimente machen) oder sich vielleicht auch mal über andere liebe Leute auslassen und dabei »ole Kamellen« (alte Geschichten) aufwärmen. Dennoch wird man »akkrat und penibel«, also sorgfältig und genau, darauf achten, ja nichts Unwahres von sich zu geben.

Im Gegenteil, man ist eher für pedantische »Püttscherigkeit«, die man anderenorts wohl als »pingelig« bezeichnen würde. Eine übermäßige Detailtreue bei einer leicht gezierten Darstellungsweise, etwa mit leicht erhobener Hand, ist dann »so etepetete« und wäre altjungferlichem Stil zuzuordnen. – Bloß wenn einem das Gespräch solcher Art schließlich selbst lästig wird, empfindet man es als »olet Gedöns«. Dergleichen kann aber auch ebenso für »ole Klamotten« gelten oder für »allerlei Backsbeern«, wenn es sich um eigentlich nichtsnutzen Kram handelt. Der rangiert dann unter »allens man blots Ödel-Dödel-Kram« oder einfach nur »Klöterkram«.

Ist solcher Plunder schon mit Staub oder Patina behaftet, also als leicht antik anzusehen, dann bezeichnet man »so'n Tüdelkram« aufwertend als »Edeltrödel«, und das ist etwas, woran »ein'n sein Fiduz haben kann« (Freude). Es soll aber auch Leute geben, die sich mit »ole Scharteken« die heimische Bude viel zu voll stellen, um mangels echter Antiquitäten damit scheußlich anzugeben und »mit gequälter Eleganz glänzen« zu wollen. Das aber sind zumeist wohl »zugereiste Neureichs«, die glauben »dickdräwsch« tun zu müssen (großspurig auftreten), um die fehlende Gediegenheit durch absonderliche »Fisematenten« zu beweisen, was zumindest schlechte Ausreden sind. Doch mit »dicke Backen machen« allein ist hier in Bremen nun mal kein Eindruck zu erwecken, und man kann dabei leicht »achteraus segeln«, also den rechten Anschluss verpassen.

Solchermaßen ungewollt auf Abstand gesetzt, kann »ein'n schon hibbelig werden«, also nervös und aufgeregt sein; oder »ganz aufgeregnet« , wie »Tante Madda sacht«. – Als »Hibbel« bezeichnet man aber auch einen unruhigen Geist, den es nicht lange ruhig an einem Platz hält. So, wie eine Bachstelze ständig herumhüpft und mit dem Sterz oder Steert wackelt, wird in Anlehnung daran das quicklebendige Verhalten als »Wippsteert« und »Wuppsteert« oder als »Wibbelmors« gekennzeichnet. Dagegen ist mit »Wackelmors« mehr die Gangart mit ausgeprägter Schaukelbewegung des »Achterstevens« gemeint.

Klanglich ähnlich wie hibbelig klingt zwar »jipperig«, ist aber doch etwas anderes, nämlich die Begierde auf etwas, »worauf man einen Japper hat«. Das dabei zum Ausdruck gebrachte lästige Fordern heißt »drunsen«. Und gerade das bringt meist nicht den gewünschten Erfolg, sondern es wird eher als lästiges Gegacker mit »is allens Höhnerkram« abgetan. – Allerdings wird der damit geplagte Ehemann sich bemühen, dem »Hühnerhof« zu entfliehen, und er wird die besserwisserische Zurechtweisung höchstenfalls mit »as du meenst, Bertha!« beantworten, um sich ins Unvermeidliche zu fügen. Was sonst soll er schon dagegen sagen?

Insofern wäre zum Sagen eben doch schon etwas zu sagen: Vielleicht am besten im Sinne von »dat will ick di seggen!«, um ein paar Sprüche loszuwerden. Vielseitig wie die Sprache überhaupt ist auch hier die Bedeutung von »seggen«. Die »Toseggersche« ist die Souffleuse im Theater, also der »unsichtbare Kastengeist«, der »toseggen mutt«, indem er zu- oder vorsagt, was die anderen »nahsabbeln« und nachreden oder nachplappern müssen.

Der Versuch jedoch, dem anderen etwas einreden zu wollen, rangiert unter »ein'n was anschnacken«, jemand »bequasseln und besabbeln«. Das ist alles irgendwie direkte Rede. – Die indirekte Zielrichtung ist viel unangenehmer, und das wäre das »Hinterdreinreden« im Sinne von (übler) Nachrede, mithin »Sludern und Tratschen«. Wenn jemand so den anderen in schlechter Absicht, weil »er einen Piek auf ein'n hat«, verpfeift, tut er es als »Petzen und Pliffen«. Wer das tut, ganz gleich ob männlich oder weiblich, ist »ne ole Pliffkatze«.

»Piek« auf etwas haben, hängt also mit pieken (stechen, verletzen) zusammen, nicht aber mit zufassen. Das darf man aber durchaus beim »Ringelpietz mit Anfassen«, dem lustigen Tanzvergnügen. Nur am »Piez« selbst ist sicherlich das Anfassen nicht erlaubt, denn damit ist die unter der Bluse sich abhebende wohlgeformte und spitzhügelige Frauenbrust gemeint, also eine Sache des Anblicks. Damit hat man sich dann am delikaten Thema vorbeigelogen, jedenfalls »so ehm unt ehm«.

An den Pfahl gepflockt

»Was kümmert es die stolze Eiche, wenn sich ein Borstenvieh dran schabt!«, soll wohl besagen, dass man sich an kleinlichem Gerangel nicht stören darf. Aber auf der Suhle oder Koppel tut es zum wirklichen Schubbern dann ein »Schüürpahl« (Scheuerpfahl), der nicht zu verwechseln ist mit dem »Sülpahl« oder Süllpohl«, nämlich dem tragenden Pfosten der Gatterpforte, um den sich die freischwebende Weidenpforte dreht. Ebenfalls feststehend war in alten Städten früher der in Markt- oder Gerichtsnähe befindliche

»Schannpahl« (Schandpfahl), an dem damals die kleinen und großen Sünder angepflockt und öffentlich angeprangert wurden. Solch Prangerpfahl hieß altdeutsch »Schoppensteel« oder auch »Schopenstehl«. Manche Straßenbezeichnung erinnert noch daran.

Heute gibt es helle Verkehrslichter und masthohe Straßenleuchten. Aber früher, zu Zeiten des Gaslichts, musste der Laternenanzünder von einer »Lantüchte« zur anderen eilen, um die Glühstrümpfe zum Leuchten zu bringen. Der Laternenpfahl hieß bequemerweise zumeist bloß nur »Luchtenpahl«. Anders dagegen die Laterne selbst, die in noch früheren Zeiten als »Schienfatt« (Windlicht) zu leuchten hatte; und wenn sie mit Fischöl oder Tran beschickt wurde, dann deswegen »Trankrüsel« (Tranlampe) oder einfach Ölfunzel hieß.

Nur lautähnlich, aber etwas ganz anderes als Pahl, ist »Pool«. Das ist der Puhl/Pfuhl, also ein kleiner Tümpel oder Teich, der wegen des Froschgequakes auch »Poggenpool« heißt oder »Ützenpool«. Die als Kaulquappe im Wasser spaddelnde Froschjungphase ist demgemäß »Ützepogge« oder »Pielepocke« und bringt gerade den Kindern immer eine besondere Beobachtungsfreude.

Allerdings kann »Ütze« oder »Itze« auch zum Schimpfwort werden für ein besonders ungezogenes oder unfreundliches Mädchen. (Bei zunehmendem Alter werden größere Tiere zum Vergleich herangezogen).

Wenden wir uns nun aber dem ländlichen »Haus und Hof« zu:

Das Anwesen und der bäuerliche Betrieb sind im Niederdeutschen ein »Weeswark« und umfassen den Besitz in seinem ganzen Umfang. Ins Haus gelangt man durch die »Grotdöör«, die große Einfahrtstür zur Diele. Man steht dann sogleich inmitten der »Deel« , also der Tenne, wo früher das Korn ausgedroschen wurde. Übrigens heißt die Diele im Holsteinischen »Pesel«, wovon sich das Wort »Piesel« für die Gaststube des Dorfkrugs ableitet. Hoch über der Diele breitet sich der »Wiemen« oder »Böhn« aus, also das Bodengerüst des Dachbodens, wo der Bauer Schinken und Mettwurst im Rauch hängen hatte. Der oberste Dachquerbalken ist der »Hahnebalken«, der auch »Hahnholt« heißt. Der Hahn hat also nicht nur vom Mist her gekräht. Sofern die Tragebalken des Dachgestells seitlich über das

Mauerwerk als Enden herausragen, heißen sie »Knaggen« und sind oftmals mit Schnitzereien verziert. Und über den First zieht sich das ganze Dach entlang eine Kreuzlage von kurzen Balken zur Befestigung der Reeteindeckung. Sie heißen »Rüchholt« (Rückenholz).

Flett (Raum zu flacher = ebener Erde) ist der Wohnteil der Bauernhausdiele.

Jedoch meint »Dönz« nicht die Diele, sondern die Wohnstube. Das Wort Stube kommt von »stoven/stuben« und bedeutet nichts anderes als heizen; und die alten Öfen hießen auch »Staven«, was sich in Straßennamen (wie z.B. Stavendamm als Straße der Badestuben) erhalten hat, wie auch in »Staav«, der mit Holzkohle erwärmten »Feuerkieke«. Im Gegensatz zu der beheizbaren »Wahnstuuv« heißt der Schlafraum hierzulande »Kamer« oder »Slapkamer« (Kammer). In alten Niedersachsenhäusern befand sich darin das eingebaute Wandbett als »Alkoven« (gewissermaßen als Schlafschrank). Der »Koven« oder »Kaben« ist dagegen die Schlafgelegenheit für das Vieh, nämlich der Stall. Der Schrank in Stube und Kammer ist ein »Schapp« und dürfte sinnverwandt sein mit dem größeren Begriff des Schuppens für den abgeschlossenen

Lagerraum. Der missliebige Begriff des Saustalls – des »Swienskaben« – wird auf platt als Schimpfwort zur »Swärenotsweertschupp«. Ist aber der echte Stall gemeint, dann betritt man ihn durch die kleine Nebentür, die »Missendöör« heißt, eben als Stalltür zum Misthaufen hin. – Ein aus Kreuzworträtseln nicht ausrottbares Wort ist »Eer« oder »Ern« für die Bauernhausdiele. Da kann man bloß sagen: »Bliff man op de Eern«, was soviel heißt wie vernünftig sein und »auf dem eigenen Teppich bleiben«.

Es gibt auch kleine Nebenräume wie »Afsiet«, also »Abseite« oder Nebenkammer. Das kann entweder ein »Kabuff« sein, worunter man ein dunkles, enges Gelass versteht, oder einfach eine »Rumpelkammer« (Abstellraum), genau so wie eine zwischen zwei Räumen liegende fensterlose »Mittelkammer«. – An Bord von Schiffen wird aus der Kammer die Kabine oder Kajüte, und die »Köök« (Köken oder Küche) wird zur Kabüüs oder Kombüs.

Klosett oder »Donnerbalken«, ganz gleich ob drinnen oder als Sonderraum draußen, heißt auf platt schlichtweg »Schiethuus«. Und aus der (Garten-)Laube wird im weiteren Sprachgebrauch »Priölken«, wie z.B. im Bremer Ratskeller.

Der Erker vor dem Wohnzimmerfenster ist »Utkiek« oder »Utlucht« und ist zuweilen mit einem »Spekulierglas«, also einem Spiegel, besetzt, damit »man die Straße langs« gucken kann. Ist die seitliche Haustür wegen des tief heruntergezogenen Strohdaches sehr niedrig gehalten, so dass man sich den Kopf stoßen kann, sagt man auch wohl beim Eintritt als Warnung »Duck di«, was in weiterer Anwendung bei manchem Kellerlokal zu dem bezeichnenden Namen »Kaffee Duckdi« geführt hat.

Zum Schluss noch eine alte Bauern-Wetterregel: »Wenn de Hahn kreiht op den Mist, wesselt dat Weer orrer blifft as dat is.«

Nu komm man nich vonner Rolle!

Das ist eine freundliche Ermahnung und heißt »bleib man hübsch auf dem Teppich!« Das muss einer sich sagen lassen, der gern vom Thema abkommt – oder davon ablenken will. Es ist jedenfalls etwas anderes, als wenn »einer aus der Rolle fällt«, denn das wäre ein schlechtes Benehmen.

So ein klein wenig »Rollenspiel« gehört im Leben schon dazu. Beim Theater ist die Rolle der

Textauszug für den einzelnen Darsteller, meint aber auch den Charakter der darzustellenden Person. Und das zu beherrschen, setzt ein entsprechendes »Rollenstudium« voraus. Doch auch im sonstigen Sprachgebrauch heißt es schon leicht einmal: »Das spielt doch keine Rolle«, ist also eine bedeutungslose Kleinigkeit, ohne dass man sich ausdrücklich bemühen müsste, »nicht von der Rolle zu kommen«.

Es gibt jedoch Bereiche, in denen es sehr wesentlich ist, richtig »auf der rechten Rolle zu stehen«. Da hat sich aus althochdeutschen Zeiten der Begriff »Rolle« für das aufgewickelte Papier erhalten. Unter dem Begriff der »Stammrolle« können sich viele Leute noch etwas vorstellen, denn das ist die Erfassung der persönlichen Daten im Personalregister. Gerade in der Seefahrt wird diese Wortbedeurung noch viel verwendet. Die Schiffsstammrolle ist demgemäß das Schiffsregister, in das die jeweiligen Schiffsdaten zur Indienststellung eingetragen werden. Zum »Rollenplan« an Bord gehören u.a. die »Musterrolle«, die »Bootsrolle« und die »Feuerrolle« sowie die »Zahlrolle« (engl. pay roll) und die »Speiserolle«. So sind in der Rolle jeweils bestimmte Dienste und Regelungen festgelegt, die bei Bedarf für die gesamte Besatzung anzuwenden sind:

Die »Musterrolle« ist die Gesamt-Besatzungsliste. Darin sind festgehalten die wichtigsten Schiffsdaten wie Name, Heimatflagge, Unterscheidungssignal, Vermessungsdaten, Maschinenstärke, Namen der Besatzung und deren Befähigungszeugnisse (Patente) sowie Angaben über Dienstantritt und Dienstende. Sie werden – außer der normalen Wachdiensteinteilung – in der »Bootsrolle« für die notfalls erforderliche Rettungsbootbenutzung fest eingeteilt. Zur ständigen Erprobung der diesbezüglichen Bereitschaft werden regelmäßige »Bootsmanöver« übungsweise ausgeführt.

Ähnlich ist es mit der Einteilung für evtl. Feuerbekämpfung, wofür es die »Feuerrolle« gibt; dabei kommt es besonders darauf an, dass die erfahrenen Führungspersonen auf die einzelnen Rollengruppen gleichmäßig verteilt werden.

Etwas ganz anderes ist die »Speiserolle«, denn diese hat Vorschriftencharakter und regelt die Verpflegungssätze, wie sie der Besatzung und dem einzelnen Mann gesetzlich zustehen.

Schließlich muss ein jeder auch auf der »Zahlrolle« – also der »pay roll« stehen, um am Zahltag seine Heuer »bar auf die Hand« zu erhalten; so war es früher an Bord üblich, den Mann direkt auszubezahlen. Heutzutage ist die vom Computer erstellte Abrechnungsliste als Heuerjournal die moderne Form dieser Rolle.

Wie eben alles an Bord seine besondere Bezeichnung hat, gibt es für die gebräuchliche Rolle, um die man ein Tau laufen lässt, schon wieder einen anderen Namen, denn das ist ein »Block«. Damit gemeint ist ein Holz- oder Metallgehäuse mit darin laufender eingekerbter Rolle zur Tauwerksführung. Die eigentliche Rolle heißt dann »Blockscheibe«. Das ganze wird als Block oben am Bügel mittels Schäkel befestigt, und am unteren Ende, dem »Hundsfott«, befindet sich ein Loch zum Festmachen des stehenden Parts einer Talje. Wer es so nicht begreift, muss es sich einmal von einem Sportsegler erklären lassen, denn dort werden die gleichen Begriffe verwendet.

Eine Besonderheit ist das »Rollen« als Bewegungsart. Wenn ein Schiff dazu neigt, besonders stark um die Längsachse zu schlingern, »dann rollt es«, und der Seemann »fährt auf einem Rollwagen«. Die Schlingerbewegung um die Querachse heißt dagegen »Stampfen«. Befindet sich das Schiff auf langem See-Törn in gleichmäßiger Bewegung auf Heimatkurs, dann hieß es in alten Segelschiffszeiten »rolling home«. Das ist auch der Titel eines Sailor-Shanty, der für alte Cap-Hoorniers zur allerletzten Reise erklingt.

Wenn einmal einer still vondannen geht oder sich unauffällig zurückzieht, spricht man zuweilen auch davon, dass er »sich verrollt« habe. Aber »verrollen« hat noch eine andere Bedeutung, nämlich im Sinne von verhauen und verprügeln, was auf missingsch »vergallern« heißt. Das »Rollkommando« unseligen politischen Angedenkens sei hier nur der wörtlichen Vollständigkeit halber erwähnt.

Wohl aber wäre abschließend noch die Formulierung zu nennen, dass »eine auf die Rollkarre gekommen« oder »einer unter die Rollkarre geraten« sei. Das ist eindeutig ein gesellschaftlicher Abstieg oder der Abrutsch vom Niveau ins Milieu, wovor man sich tunlichst hüten sollte.

Man muss eben doch darauf bedacht sein, auf jeden Fall »nicht von der Rolle zu kommen«, denn »Es komme wie es wolle, greifst du hinein ins Volle, spielst du auch eine Rolle!«

Nichts – Nicks – Nix
heißt soviel wie »Daar kannst nix bi dohn!«

Wenn man nichts (mehr) dran ändern kann, ist die nüchterne Bemerkung »daar kannst nix bi dohn« durchaus kein Fatalismus, sondern lediglich eine Feststellung der gerade gegebenen Lage. Man findet sich »för den Momang« eben damit ab und sagt ergänzend vielleicht auch wohl noch »Daar geiht nix bi to« oder »Daar geiht keen Weg bi langs«. Sofern es sich bei dieser Gegebenheit um eine Feststellung handelt, die noch einigen Nachdrucks bedarf, erfolgt der deutliche Schlusspunkt mit »daar bitt de Muus keen Faden af«. Und die Antwort der Gegenseite kann höchstenfalls noch »Daar weet ick nix von af« lauten. In all diesen Fällen ist das »nix« (oder auch als »nicks« geschrieben) gewissermaßen die Wendemarke, die den Abwärtstrend aufhält und in weiser Selbstbescheidung zugleich mit »beter wat as nix« den Weg wieder voraus weist.

Es zeigt sich also, dass im Sprachgebrauch das »nichts« als nicks oder nix durchaus keinen unumstößlichen Nullpunkt darstellt, sondern bei vielfacher Gelegenheit gerade dazu verwendet wird, um noch etwas weniger oder noch ein klein bisschen mehr auszudrücken.

Zunächst das weniger

Da heißt es bei konstatierter Wertlosigkeit, es sei »weniger als nichts«, was der Brite mit »next to nothing« kennzeichnet. So wird die vermeintliche Sinnlosigkeit einer Handlung kurzweg mit »för nix un wieder nix« abgetan oder mit dem leicht abwertenden Urteil »von nix kummt nix«. – Jedoch die Feststellung »das war wohl nichts« meint gerade, dass eben doch etwas war, nämlich nichts Gutes. Auf der gleichen Linie liegt bei der Frage »Ist was?« und der beruhigenden Antwort »War nix« die prompt erfolgende Zurechtweisung: »Nix is nix, un nix nich is gar nix.« Einen ähnlichen Sinn hat der Ausspruch »Oben nix und unten nix, und dazwischen gar nix.« Das könnte manchmal auch figürlich gelten oder als Kriterium für eine unmögliche Staffage. – Kürzlich erklärte ein österreichischer Politiker das Maß des wirtschaftlichen Wachstums mit »plus minus null, vielleicht sogar etwas minus null«. Charmanter lässt sich das wohl kaum ausdrücken.

Und nun das mehr

Es gibt Menschen, die meinen »viel hilft viel«, und sie schlucken dann gleich drei Pillen statt der vom Doktor verordneten einen oder nehmen einen gehörigen Schluck von der Wundermedizin statt der vorgeschriebenen fünf Tropfen. Noch konsequenter klingt »alles oder nichts«, was aber »in nullkommanix« oder, wie der Englischmann sagt, »in no time« entweder viel als ostfriesische Zählart »eins – zwei – viele« bedeuten kann oder andersherum als nichts mit »daddeldu« beendet wird, was aus dem Englischen kommt und von »that will do« abstammt. – Und der Knallpunkt ist dann »basta!«, das ist spanisch und heißt soviel wie »es reicht« oder »genug damit«. Und rein »doppelt gemoppelt« würde der Señor sagen »basta y sobre!«, was soviel wie »genug und übergenug« ausdrücken will. Auf französisch klingt es (nicht nur im Spielsaal) so: »Rien ne va plus«, eben wenn gar nichts mehr geht.

Die genaue Teilung oder die gerechte Zuteilung möchte einen einerseits nicht gern »den Kürzeren ziehen« lassen, und andererseits wird danach geschielt, im geschickten Zugriff gern

»die größere Hälfte nehmen« zu wollen. Und wer es dann noch ganz schnell tut, der vermerkt zu seiner eigenen Beruhigung wohl noch: »Wer zweimal nimmt, hat einmal gut.« Für den gilt aber der nachdenkliche Vers »Es gibt nichts Gutes – es sei denn, man tut es.« sicherlich nicht.

»Kleinvieh macht auch Mist« soll besagen, dass aus vielen Kleinheiten letztlich auch eine größere Menge zusammenkommen kann. Das ist positiv gesehen. Als negative Beurteilung von z.B. unnützer Viel-Rederei wird ein Gespräch mit »viel Lärm um Nichts« oder mit »viel Geschrei um wenig Wolle« registriert. Auf plattdeutsch heißt das »Veel Gedööns un nix daarachter.« Alle aber meinen dabei das gleiche, nämlich den sprachlichen Aufwand »aus 'ner Mücke 'nen Elefanten machen«. Das gilt für Klatsch und Tratsch ebenso wie für politische Verunglimpfung. Etwas sagen und sich dennoch nicht festlegen, das geschieht in unschuldsvoller Miene mit dem Satz »Ich will ja nichts sagen, aber …«. – Dazu meinte kürzlich eine Talkshow-Gesprächsrunde: »Klatsch ist die ungezogene PR-Schwester. Auch das ergibt publicity!«

Nur für Klein-Heini ist die Sache ganz einfach. Wenn die Mutti bei seinem sonst geräuschvollen

Spielen wegen einer fast schon beängstigenden Stille herüberruft und fragt: »Heini, was machst du da?«, dann kommt von ihm die sehr gedehnte Antwort: »Ich? – n – nichts!« Dann allerdings gibt es wirklich zwei Alternativen: für sie »nichts wie hin« und für ihn »nichts wie weg«!

Das ganze Thema ist schließlich so zusammenzufassen: »Sag mal einen Satz mit ›x‹.« – »Das war wohl nix!«

PS: Übrigens hat einer meiner Freunde in seiner Hausbar eine Flasche klaren Feuerwassers mit dem schlichten Etikett »NICHTS« stehen. Davon geschluckt, kann ein jeder ruhigen Gewissens erklären, er habe wirklich »NICHTS« getrunken. – So einfach ist das …

Bremer Allerlei – »So'n büschen umzu«

Bremisches in ausgesuchten Stichworten von A bis Z für Bremer, die es wissen müssten, und für Butenbremer, die es wissen möchten.

Aal satt

ist in allen Monaten mit »r« darin ein beliebtes Essvergnügen als Brataal »bis zum Geht-nicht-mehr« mit Bohnensalat und Kartoffeln. Die Gabel legt man bald beiseite, und »man isst mit den Fingern«, die nachher mit dem letzten klaren Korn gereinigt werden.

(Kann man auch mit Räucheraal [Smuttaal] machen, aber davon schafft man dann höchstens halb so viel.)

Buntes Huhn und Pluckte Finken

Buntes Huhn und Pluckte Finken sind althergebrachte Bremer Eintopfgerichte. Beim Bunten Huhn besteht die Fleischbeigabe aus kleingeschnittenem Räucherspeck, zusammengekocht mit weißen Bohnen, Wurzeln, Kartoffeln und Äpfeln. – Pluckte Finken haben nichts mit gerupften Vögeln zu tun.

Dieses Nationalgericht entstand zu jenen Zeiten, als man die Haltbarkeit des Fleisches vorwiegend mit Räuchern und Pökeln erzielte. Dieser Fleisch-Gemüse-Eintopf enthält viel gelbe Wurzeln, Bohnen, Zwiebeln und Pökelfleisch.

Centaurenbrunnen

ist einer der wenigen Bronzeskulpturen, die den Krieg überdauert haben. Er stand ursprünglich, als Geschenk 1891 von Heinrich Gildemeister, Ecke Schwachhauser Heerstraße und Bismarckstraße und wurde bei dem Straßenausbau zu den Neustädter Wallanlagen versetzt. (Centaur/Zentaur/Kentaur ist in der griechischen Sage eine Gestalt von tierischer Wildheit als Pferd mit menschlichem Oberkörper, die auf diesem Standbild eine Schlange umklammert und sie Wasser speien lässt.)

Demokratie

versteht sich hier, so meint ein alter Bremer, in der Praxis als eine »Heini – Didi – Fidi – Kuddel-Dynastie«. Am Telefon funktioniert sie so: »Tach Heini, hier ist Didi. Ich schick dir mal den Fidi vorbei. Sieh mal zu, dass du für ihn bei Kuddel alles klarmachen kannst!« – So einfach geht das, ganz ohne Filz.

Erdbeerbrücke

wird die Weserbrücke zwischen Habenhausen und Hastedt im Volksmund genannt, weil die links der Weser anwohnenden Steinsetzer in Habenhausen und Arsten seit alters her ertragreiche Erdbeersorten züchten – und besondere Hühnerrassen, Tauben und Hauskaninchen. Habenhausen ist seit 1124 erwähnt, es ist die Gemarkung zwischen Neuenland und Arsten. Die Steinsetzer, ein eigenständiger bremischer Handwerksberuf, sind stolz auf ihre Bezeichnung als »Stratenmaker«.

Franziuseck

Von dort schaut die Büste des Strombaumeisters Ludwig Franzius stromabwärts, der im 19. Jahrhundert durch eine geniale Planung der Weserkorrektur und Flussbettvertiefung dafür sorgte, dass der Überseeschifffahrt der Weg nach Bremen erhalten blieb. Dort stehen die Verwaltungsgebäude der Wasser- und Schifffahrtsverwaltung, der Bremer Evangelischen Kirche. Benachbart dazu sind zu erreichen die Deutsche Gesellschaft zur Rettung Schiffbrüchiger mit der Seenotzentrale, die Hochschule für Nautik, das frühere Wasserwerk (auch »Wasserkunst« genannt) und die Kataster- und Vermessungsverwaltung.

Geschworene

sind in früheren Zeiten nicht als Gerichtspersonen eingesetzt gewesen, sondern waren ein (geschworener) Zusammenschluss von Bauernschaften, denen der Ertrag des Landes gemeinsam zufiel und von ihnen verteilt wurde. Daraus abgeleitet hat man Ortsvorsteher zuweilen auch Geschworene genannt.

Herrlichkeit

ist das östliche Ende des Teerhofes. Der Name hat mit herrlichem Anblick nichts zu tun, sondern er kommt von »Herrschaft«. Die Grundstücke auf der Teerhofhalbinsel zwischen Großer und Kleiner Weser gehörten seinerzeit zum Martini-Kirchspiel und waren im Besitz bremischer Herren aus der Altstadt, eben deshalb als Herrlichkeit bezeichnet. Das Hochhaus an der Herrlichkeit ist die »Versicherungsbörse«, der Geschäftssitz vieler bedeutender Assekuranz-Makler in Bremen.

Igittegittegitt

ist der Ausdruck absoluten Abscheus (so richtig mit harter Betonung auf dem »i«), während das weicher klingende Ogottugottugott höchstes Erstaunen bezeugen soll, im Gegensatz zum Ochettetigott, was man nur als großes Bedauern zu verstehen hat.

Jux und Dollerei

Solche Späße sind uns Bremern absolut nicht wesensfremd, wir verbergen sie nur unter der uns nachgesagten »S-teifheit«, die gern ein bisschen tiefstapelt als »wees gedechtig«.

Nur zum Freimarkt – bremisch »Freemaak« – wird kräftig draufgehauen, auf den Lukas natürlich, und es wird sich zumindest eine Bratwurst gegönnt, vielleicht auch zwei.

Karneval und Fasching

In Bremen wird auch gefeiert, aber nicht so wie im Rheinland. Wir haben dafür ein Alpenfest und sonst noch so einige große »Ball-Festivitaten«. Statt eines Karnevalumzuges gibt es in Bremen an einem Freimarktssonnabend immer den großen Festzug, der wenigstens dann für viele Seh-Leute in der Innenstadt sorgt. Nur

»Ahoi« als Schlachtruf ist weder bremisch noch ein echter Seemannsausdruck und ist unausrottbarer Kreuzworträtselbestand.

Löffeltrunk

ist eine auch in Bremen beliebte Art, sich mit »klarem Schluck« zuzuprosten. Dazu gehören als unbedingt einzuhaltendes Wechselgespräch:

»Ick seh di« – »Dat freit mi«
»Ick suup di to« – »Dat doh«
»Ick heff di tosopen« –
»Hest den rechten dropen«

und die Pflicht, nichts zu verschütten und nachher den trockenen Löffel abzuliefern.

Meyerstraße

steht als Musterbeispiel dafür, wie Bauherren im 19. Jahrhundert gleich ganze Häuserzeilen (sog. »Bremer Haus« – mit Küche im Souterrain) erstellen ließen, die dann von den Erstmietern praktisch trocken gewohnt wurden (gegen niedrige Mieten), bis man die Häuser dann endgültig verkaufte. Die Namensgebung solch neuer Straßen war insofern einfach, indem man den Namen oder auch nur den Vornamen des Grundbesitzers bzw. Bauherrn dafür heranzog.

Nur wenn heutzutage beim Herrenkegeln der Ausruf »Meyerstraße« ertönt, hat das eine ganz andere Bedeutung, nämlich einen schlechten Wurf mit schnurgeradem Durchlauf der Kugel durch die Mitte mit nur drei Holz.

Nikolauslaufen

ist ohne die traditionellen Sunnerkluus-Verse gar nicht denkbar und bringt am 6. Dezember ganze Heerscharen buntverkleideter Kinder auf die Straßen, um in den Geschäften lautstark ihre Sprüche aufzusagen, damit der Sammelsack mit süßen Gaben gefüllt wird. Das Singen endet mit »Halli, halli, hallo, so geiht nah Bremen to.«

Oberländer Hafen

wurde 1818 im damaligen Bereich des Weserquerarms Pipe als Winterhafen für die Oberweserschifffahrt eingerichtet. Die Pipe ist das Endstück des Weserarms zum alten Stadtgraben um die Südervorstadt hin und war zugleich eine Wasserstelle im Bereich Buntentor/St.-Pauli-Deich.

Bis zum Zweiten Weltkrieg war der Oberländer Hafen eine öffentliche Badeanstalt und

Vereinsbadeanstalt des Bremischen Schwimmverbandes. Jetzt ist dort der Hauptsitz der Deutschen Gesellschaft zur Rettung Schiffbrüchiger mit eigener Bootswerft und mit der Seenotzentrale. Gegenüberliegend die Hochschule für Nautik, erkennbar an dem als Schiffsbrücke gestalteten Balkon.

Plattdeutsch

»is in« und wird gerade hier in Bremen sehr gepflegt. Im Schnoor befindet sich das Institut für niederdeutsche Sprache, das die niederdeutsche Sprachforschung ganz intensiv betreibt und sich u.a. um die Herausgabe eines Plattdeutschen Wörterbuches sehr verdient gemacht hat, das der Herausgeber Dr. Wolfgang Lindow selbst so kommentiert: »Erst inkieken – dann gleiern«, also hineinschauen und sich darüber freuen.

Queckenfarmer

Der emsige Parzellist und Kleingartenfreund ist um den schönen Anblick seines Schrebergartens ständig bemüht und muss sich dabei mit viel Unkrautbeseitigung wie Winden, Gesseln und »Quecken« abplagen (wild wucherndes Gras mit weit auslaufenden Wurzelstöcken). Deshalb nennt er sich selbst scherzhafterweise eben »Queckenfarmer«.

Rablhusen un Pusdorp

Rablhusen ist Rablinghausen und liegt neben Pusdorf, und das ist der volkstümliche Name für Woltmershausen, angeblich wegen des dort immer von der Weserseite her stark pustenden Westwindes. Der Name Woltmershausen erklärt sich aus Siedlung des Grundherrn Woltimer oder Woldemar. Der weiter stromabwärts gelegene Ortsteil ist Rablinghausen, im Volksmund Rablhusen, und dessen Name stammt von Ratteringhausen oder auch Radberinghausen, wahrscheinlich im Ursprung vom Personennamen Radbert. Und die äußerste Spitze zum Weserdeich hin ist Lankenau, das schon 1250 als Lanckenow erwähnt wird (alter Flurname). Nach Schaffung der Neustädter Häfen entstand zwischen Lankenau und Woltmershausen der Weseruferpark, in dem viele Seezeichen als Seefahrtssymbole aufgestellt wurden. Die Landspitze gegenüber dem Wendebecken und der Werft heißt Lankenauer Höft.

Schweinemarkt

So heißt der »Neue Markt« zwischen Brautstraße und Neustadtswall bei den Einheimischen immer noch, obwohl hier schon seit dem 19. Jahrhundert keine Schweine mehr gehandelt werden. Ursprünglich hieß der Platz »Hinter dem Krankenhause« – deshalb auch die benachbarte Krankenstraße, dann später »Hinter der Hauptwache« und wurde 1821 zum »Neuen Markt«. Am Südende des Platzes steht die neue St.-Pauli-Kirche, 1682 gegründet. Ursprünglich an der Osterstraße gelegen, wo sie im Zweiten Weltkrieg zerstört wurde, konnte sie am alten Platz nicht wieder aufgebaut werden. Vor ihr steht auf hohem Sockel der »Kleine Roland«, hier für das Freiheitsbegehren der Bürger errichtet, während der große Bruder auf dem Marktplatz für die Freiheit der Stadt einzutreten hat.

Speckstippe

benötigt man zum richtigen Matjesessen mit Pellkartoffeln. Dazu wird kleingewürfelter gestreifter Speck mit Zwiebelwürfeln gedünstet, und das ergibt eine kalorienreiche Fettsoße, in die man die Kartoffeln stückweise einstippt.

Nicht zu verwechseln mit der zum Braunkohlessen gehörenden »Pinkel«, was ein im Darm gekochtes Gemenge aus gewürfeltem Rindertalg, Flomenschmalz, Zwiebeln und Hafergrütze ist, dabei fein abgewürzt. Nichtbremer würden diese auch mit »Knipp« verwechseln. Dieses besteht zwar auch aus Grütze, aber zusammengekocht mit durchgedrehtem Schweinekleinfleisch und Innereien (ohne Leber) sowie Wurstfett. Das wird in der Pfanne aufgebraten und schmeckt hervorragend auf einer Scheibe Schwarzbrot oder zu Kartoffelmus, dekoriert mit einer Gewürzgurke.

Tischrücken

ist ein beliebter Freundesspaß beim Bezug einer Wohnung oder eines neuen Hauses. Nachdem man sich mit einem Trick der Haus- und Wohnungsschlüssel versichert hat, wird das junge Paar zu irgendeiner Einladung zum bestimmten Termin aus dem Haus gelockt. Die Freunde rücken »mit Sack und Pack« an, stellen ein paar Möbel um, deshalb »Tischrücken«, und decken die Tafel mit den mitgebrachten Speisen und Getränken. Dabei wird notfalls auch das erforderliche Geschirr und Gläser usw. mitgeliefert. Das ahnungslose Paar wird dann überraschend zurückgebracht und findet eine fröhliche

Hausgesellschaft vor. – Inzwischen ist aus dieser Sitte aber auch schon allgemein die Einladung eines Paares selbst an die Freunde geworden, um die neue Wohnung vorzustellen, doch ohne einen Überraschungseffekt wie früher.

Unterweser

gilt für den Weserabschnitt ab Weserwehr (zwischen Habenhausen und Hastedt) stromabwärts bis nach Bremerhaven, wo dann die Außenweser beginnt. Stromaufwärts wird der Flusslauf dementsprechend mit Mittelweser und Oberweser bezeichnet.

Verkehr

Verkehrslenkung ist ein in Bremen offenbar weithin unlösbares Problem und schafft es nicht, die ständigen Engpässe zu überwinden. Statt dessen gibt es in den einzelnen Stadtteilen seit ein paar Jahren das beliebte Ortsamtsspiel der »Verkehrsberuhigung«. Dabei wird der ruhende Verkehr durch Slalomfahrt bewirkende Fahrbahnhindernisse auf die Nachbarstraßen abgedrängt, in denen dafür zur Freude der Anwohner dann erhöhter Parkplatzmangel herrscht.

Wecken oder Heißwecken (Hedwig oder Hetwich)

Diese Gebäckart heißt auf bremisch natürlich ganz anders. »Hedwig« ist keinesfalls ein Mädchenname, sondern heißt eigentlich »Hede Weggen« und nichts anderes als die bekannten Heißwecken, die ursprünglich ein Fastnachtsgebäck waren, aber jetzt auch zu anderen Jahreszeiten geschätzt werden. Es sind Hefestücke mit Rosinen und Zitronat, die, aufgeschnitten und mit Butter bestrichen, eine wohlschmeckende Kaffeemahlzeit ausmachen.

»X« für »U«

»X für U« lässt sich ein »Tagenbaren« nicht gern vormachen. Man ist hier für ehrliche Sprache und für offenes Auftreten, denn »de fiene Art, de will dor nich rin«, wird dem Bremer (missgünstigerweise) nachgesagt. Doch wer kennt schon den Ursprung dieser Redensart? – Der geht weit zurück in historische Zeiten, als die Zahlen noch mit römischen Ziffern dargestellt wurden. Wenn dann einer mogelte und aus einem V (sprich U), also einer 5, ein X, also 10, machte, dann hatte er flugs ein Geschäftchen gemacht. Und gerade so etwas mag man hier nicht.

Ypsilanti
ist ein flaches Lebkuchengebäck zur Freimarktszeit mit Mandeln und Zuckerguss. Dicker und rund heißt es dann »Pflastersteine«. Und ohne Zuckerguss nennt man es »Moppen«.

Zwölf Apostel
haben mit frommer Legende nichts zu tun. Es waren ehedem zwölf reiche Großbauern im Neuenlander Feld, die im Volksmund so genannt wurden. Und im Bremer Ratskeller stehen im sog. »Apostelkeller« zwölf Wein-Stückfässer, die nach den zwölf Aposteln des Neuen Testaments der Bibel benannt sind.

Missingsch

Wenn einer weder richtig hochdeutsch kann und andererseits im Plattdeutschen ebensowenig vollkommen ist, dann liegt es wohl daran, dass er »plattdeutsch denken tut« und dennoch versucht, möglichst gewählt und umständlich »hochdeutsch parlieren« zu wollen. Und was dann dabei heraus kommt, das nennen wir hierzulande das typisch norddeutsche *»Missingsch«*.

Der Griff zum Brockhaus-Lexikon gibt dazu auch keine eindeutige Erklärung, sondern ist leider ein Begriffs-Gemengsel unter dieser Wortposition. Da heißt es einfach nur

- eigentlich meissnisch
- mit Messing zusammengebracht
- Mischsprache aus Niederdeutsch und Hochdeutsch.

Wir müssen also in der Bedeutungserforschung doch wohl weiter zurückgreifen. Da werden wir im »Kleinen Plattdeutschen Wörterbuch« fündig, das Renate Herrmann-Winter 1985 im Rostocker Hinstorff-Verlag herausgebracht hat. Da ist nachzulesen: Missingsch = Sprachform, die eine Vermischung von Hochdeutsch und Niederdeutsch darstellt. Die Herkunft des Wortes ist sehr umstritten. Man hat es zunächst mit dem nicht sonderlich edlen Mischmetall Messing in Verbindung gebracht. – Offenbar aber ist es eher, wie die frühesten Zeugnisse des Wortes belegen, eine umgestaltete niederdeutsche Form von *»Meißnisch«*, der Bezeichnung für die obersächsisch-meißnische Sprache. Diese galt im 16./ 17. Jahrhundert in Norddeutschland als vorbildhaft für das Hochdeutsche schlechthin. Und es war das Verdienst Martin Luthers, aus dem urtümlich Sächsischen das Hochdeutsche entwickelt zu haben. Als er beim Kurfürsten von Sachsen Asyl erhielt und sich dem Sprachenstudium und der Bibelübersetzung widmen konnte, war am kurfürstlichen Hof in der Hauptstadt Meißen die »Kanzlei-Sprache« das sprachliche Vorbild. So ist denn das neue Hochdeutsch in den Kanzel-Sprachgebrauch gelangt und hat sich immer weiter in Norddeutschland ausgebreitet. Und diese neuartige Sprechweise wurde dann bezeichnenderweise als *»Missnisch«* erklärt.

Ebenso verständlich dürfte aber auch sein, dass bei der gewollt wohlklingenden Anwendung dennoch immer wieder althergebrachte Sprachidiome mit einflossen und auch bedeutungsvoll durchschlugen. So heißt es denn in diesem Lexikon-Text auch weiter: Die Versuche der plattdeutsch Sprechenden, hochdeutsch zu reden, blieben lange unvollkommen, das Ergebnis war eine Vermischung von hoch- und niederdeutschen Elementen. Seit Fritz Reuter ist diese Sprachform aus dem Munde von Onkel Bräsig weit bekannt geworden. Charakteristisch für das Missingsch ist auch, dass niederdeutsche Wörter falsch ins Hochdeutsche übertragen werden, wie zum Beispiel »von baben dal in der Mestkaule« anstelle von »von oben hinein in die Mistkuhle«.

Im Bremer Sprachbereich wusste es Karl Lerbs besonders ausdrucksvoll zu formulieren, wenn er einen Gemischtwarenhändler sagen lässt, als eine bestimmte Sache gerade nicht vorhanden ist: »Haben tun wir tscha momengtan augenblicklich keine nich, aber kriegen wolln wir tscha gerne mal sehen, ob wir nich doch noch eine mal tun können.«

Und was die oftmals übertriebene vornehmtuerische »Benehmität« angeht, so hört man hier auch wohl sagen: »Wenn einen das gute Verstehstemich nich aufbringen tut, bei den will dat Fiene pattu nich rin!« Und wer auch das nicht begreift, der »hat das richtige Kapeh nich« ... Ein wahrer Meister dieser wohlklingenden Formulierkunst ist der bekannte Schriftsteller Gerd Lüpke, der es so ausdrückt: »Dieses nehmlich is heut un hunnertfuffzig später (as Unkel Bräsig) jüst akkrat ümmer noch so!« – Und was die Bremensien-Literatur anbelangt, lässt er seinen legendären Käppen Möhlenbeck zu »Bremen Best« äußern: »Ich wollt ganz bannig gralieren zu Ihr neues un sehr feines Bremen-Buch. Auch zu die ehrenvolle Erwehnung von meinen geehrten Namen in dasselbe. Ich habe mir sehr über Ihnen gefreut – auch wegen die echten Geschichten in Ihr Werk. Das soll Ihnen immer gut gehen …«

Doch es gibt auch zutreffende neudeutsche Wortbildungen. So wird im politischen Bereich von einem, der etwas absolut nicht begreifen will, gesagt, er ist »beratungsresistent«. Und das »schnallt der selbst bestimmt nicht« …

Berufsbezeichnungen: bremisch – missingsch – platt

Ein Mann, ein rechter Kerl, ist »een Baas«. »Een Baas von Kierl« ist jedoch kein Supermann, sondern einfach nur eine weitere Betonung. Um das hier niederzuschreiben, ist man dann »een Schreewbaas« (ein »Schreiberling« oder Schriftsteller). Und um gleich echt bremisch zu beginnen: »Dat schall mi mol verlangen, wat dorut ward!« – »Verlangen« versteht sich hier als »genau wissen wollen«.

Eine erste Zusammenstellung von Berufsnamen findet sich in der Abhandlung »Die Sprache des Hafens« und hat darin die typischen Hafenberufe »aufs Korn genommen« neben den ohnedies wohlbekannten Bordbezeichnungen und was sonst am Hafen hängt. Doch daneben gibt es noch eine erkleckliche Anzahl besonders klingender »Professchonen », die in ihrer urtümlichen Fassung nun nicht gerade im Adressbuch stehen. Wenn »Tagenbare«, also echte Bremer, miteinander »schnacken«, ist ihnen völlig klar, was und wer im Einzelfall gemeint ist. Derartige Berufsbezeichnungen sind ausdrucksstark und kommen meistens aus dem niederdeutschen Sprachgebrauch, deshalb dürften die »Übersetzungen« und Erläuterungen zum besseren Verständnis beitragen und den Bremer Neubürgern, die von südlich der Ochtum zugereist sind und, wie bereits gesagt, im Volksmund »Quittjes« oder auch »Bickbeernschweizer« heißen, den Umgang mit Bremern erleichtern.

Am besten beginnen wir mit den Handwerksberufen, da sie am weitesten zurückreichen und sicherlich die volkstümlichsten Namen tragen. Ein typisch bremischer Beruf, auch heute noch, sind die Steinsetzer aus Habenhausen und Arsten. Sie werden deshalb seit eh und je schlichtweg nur »die Habenhauser« genannt, sonst aber »Straatenmaker« oder »Steenekloppers« (Straßenbauer und Steineklopfer). Wer einmal selbst

Gehwegplatten verlegt hat, weiß, welche Fertigkeit dazu gehört, darum sagt man beim Anzweifeln von Fähigkeiten denn wohl: »Kannst du Suumsteen (Kantsteine) setten? – Jan Ziehms ut Arsten, de kann dat!« Dagegen gibt es dann nichts mehr einzuwenden.

Am Bau arbeiten Zimmermann, Tischler und Mauermann. Sie finden wir als »Holtbuck« oder »Holtwurm« und als »Muurklacks« oder »Baljenraker« (von Holzbock, Holzwurm, die das Holz anbohren, und Mauermann, der die Steine mit einem Klacks Mörtel zusammenfügt, nachdem er sie zuvor in der »Balje«, Wanne, hinaufgetragen hat).

Wenn der Bauherr den Polier fragt, wieviel Arbeitsleute er hat, sagt der wohl: »Wenn't sick bewegt, sind't Duwen (Tauben), un wenn't sick nich bewegt, sind't Muurlüd.« Die sanitäre Installation macht der »Blickensläger« (Klempner, der das Blech schlägt); und die Stromleitungen legt der »Strippentrecker« (Elektriker oder »Salonarbeiter«). Für den letzten Anstrich sorgt dann der »Pinselquäler Meister Quast« (Maler), der auch als »Plankenstrieker« tätig ist (Anstreicher), wenn großflächige Arbeit geleistet wird. Aufs Dach steigt einem »de Swatte Mann«, de

»Kaminrutscher« oder auch »Sottje« (Schornsteinfeger, der den »Sott« – Ruß aus dem Kamin – kehrt).

Noch in den zwanziger Jahren kam der Uhrmacher einmal wöchentlich auf seiner Kundentour ins Haus, um die Uhren aufzuziehen und zu regulieren. Mit dem »hatte man« einen Betreuungsjahresvertrag. Auch die Kirchturmuhren musste dieser »Klockenschoster« aufziehen.

Das verbeulte Auto bringt der »Bulenklopper« (Karosserie-Klempner) wieder »auf schick«; nicht zu verwechseln mit dem »Kedelklopper« (Kupferschmied). Die auf der Werft tätigen Nietenklopfer und Nietenwärmer heißen dagegen »Nietenpuper«.

Unterbekleidung und Stoffmeterware gibt es beim »Plünnenrieter« (reißt das abgemessene Stück vom Ballen ab); und wenn man sich die Oberhemden nähen lässt, wie das früher gang und gäbe war, geht man zur »Neiherschen« (Weißnäherin). Der Haarkünstler heißt »Balbutz« und »Snutenputz« (Friseur), und die Damen gehen zum »Lockendreiher« (Dauerwellen).

Ein »Zigarrnmaker« und »Wickeldreiher« dreht ebenfalls etwas, nämlich den Überseetabak zu »Bramsil«-Zigarren (mit »m«). Dieser Beruf war im vorigen Jahrhundert am Buntentor zu Hause, über dessen Bewohner, »de Geelbeen«, es eine Vielzahl von »hanebüchen Vertellen« gibt. Sie haben den »Zollmöpsen« (Zöllnern) und dem »Putz« (Wachtmeister, Schutzmann) manchen Streich gespielt. Und weil der sich zuweilen einen Übeltäter greifen konnte, wird der Ordnungshüter auch »Vagel Griep« genannt.

Doch »Mudder Griepsch« ist etwas völlig anderes, nämlich die bei der Hausgeburt herbeigeholte Hebamme. Heutzutage erfolgt das Kinderholen in der Klinik. Der bei der Geburtshilfe tätige Frauenarzt rangiert unter »Damen-Schneider« wegen der manchmal nötigen chirurgischen Nachhilfe. Der richtige Schneider dagegen ist entweder ein »Fadenbieter« oder einfach »Meister Zwirn«, zuweilen gar »Meister Wipp« mit dem Schneidersitz, weil er mit überkreuzten Beinen auf dem Nähtisch sitzt.

De »Schoster« (Schuhmacher) sorgt für den guten Zustand unseres Schuhwerks und heißt auch »Meister Pickdraht«. Einer, der vornehmlich Kleinreparaturen ausführt, ist dann der »Flickschuster«. Das kann allerdings auch einer sein, der nichts Vernünftiges zustande bringt und nur »halben Kram« (Flickwerk) abliefert.

Die Schnellbesohlanstalt heißt sinnigerweise »Galoppschoster«. Wird dagegen ein Pferd neu beschlagen, bekommt es beim Schmied »Peer-Holschen« (Hufeisen), was ursprünglich im Teufelsmoor unter die Hufe geschnallte Bretter waren, um das Einsinken im Moor zu verhindern.

Bleiben schließlich noch im Handwerksbereich der »Klütjenbäcker« (Feinbäcker), der Brötchen und die beliebten Bremer Zwiebäcke herstellt, und der »Knokenhauer« oder »Specksnieder« (Schlachter). Zu ihrer Runde gesellen sich als Dritte im Bunde der »Smutt« oder »Smuttje« (Koch, Schiffskoch) und de »Köksch« (Köchin, Kaltmamsell), die beide, wenn sie einfallslos kochen, auch als »Frikadellenschmied« tituliert werden, vor allem wenn sie in einer »Waffenschmiede« (Betriebsküche) arbeiten.

Hökern ist Handeln im gewöhnlichen Sinne des direkten Verkaufens. Darum heißt die ihre eigenen Garten- und Feldfrüchte darbietende Gemüsefrau klarerweise »Grönhökersch«, »Kohlhökersch« oder »Blomen-Tante« (Marktbezieher mit Obst-, Gemüse- oder Blumenstand). Die Bremer Kohlhökerstraße verweist auf die in früheren Jahrhunderten hier gelegenen Gemüsegärten. Doch der Begriff »Hökern« findet sich ebenso wieder beim »Plünnenhöker«, was einerseits der Textilhändler sein kann und andererseits der ambulante Altwarenhändler, der früher als »Knoken- un Plünnenmann« mit einem Pferdefuhrwerk durch die Straßen zog. Ihn umringte immer eine Schar neugieriger Kinder, und er war derjenige, mit dem sie um die begehrten Groschen feilschen mussten für »Knoken, Plünnen, Old Isen, Papier«, wie er melodisch ausrief und es straßenweise mit Glockengebimmel ankündigte. Nur namentlich artverwandt, eben für Neuware, is der »Isenhöker« (Eisenwarenhändler), der alles verkauft, was zum Haushalt gehört: »De hannelt mit Pött un Pann.«

In Bremen schon legendäre Figuren sind die als »Fisch-Lucie« bekannte Fischhändlerin und der durch die Straßen fahrende »Granat-Onkel«. Hier wird der Name einfach aus der feilgebotenen Ware hergeleitet und individuell markiert. Wer beim Ausfahren seiner Ware mit einem Pferde-Fuhrwerk kutschiert, heißt eben logischerweise »Kutscher«. Dazu kommt der entsprechende Namenszusatz wie »Beerkutscher« (Bierwagenfahrer), »Liekenkutscher« (Leichenwagenfahrer), »Droschkenkutscher« (Taxifahrer) oder »Müllkutscher« (Müllwerker).

Die alte Bremer Pferdedroschke hieß bei unseren Großvätern einfach nur »Papendieker«, weil das Taxameter-Unternehmen einem Herrn Papendiek gehörte (»zugehörte«, wie man in Bremen sagt). Der »Aschenkierl« wurde auch als »Jan Asche« angesprochen, denn damals fiel in jedem Haushalt noch viel Herd- und Ofenasche an. In falsch verstandener Vornehmheit soll ihm diese Tätigkeit in der Villenvorstadt sogar den wohlklingenden Titel »Johann von Unrat« eingebracht haben.

Die Berufe des Handels sind gleichermaßen angesprochen wie z.B. beim »Päpersack«, »Peppersack« (Großkaufmann), der angeblich auf dem Geldsack sitzt, »den dicken Willem« markiert und der zu den »Wohlbetuchten« gehört. Wenn dabei die Selbsteinschätzung zur absoluten Selbstgefälligkeit wird, dann wandelt sich die High-Society zur »High-Snobiety«. – Der bei ihm tätige kleine »Büroknüppel« (Angestellte) gilt in Bremen als von allgemein etwas schmalerem Salär, mit dem er sich nicht allzuviel leisten kann. Was Wunder, dass er als »Dintensuper« (Tintenkleckser) betrachtet wird. Weil er den Bürostuhl drückt und seine Verdienste sich angeblich in der Anzahl der durchgestoßenen Rockärmel und durchgescheuerten Hosenböden niederschlagen, hat ihm diese Tätigkeit den Berufstitel »Bockforzer« eingetragen, oder er wird als »Bliepenn-Stemmer« eingestuft, wobei »Bleifeder« anderenorts nur Kopfschütteln auslöst, weil der Bleistift so gar nichts mit der stählernen Schreibfeder oder dem früheren Gänsekiel aus den alten Stehpultzeiten zu tun hat.

Die Bürobriefpost wird von der »Tippmamsell« oder »Tippse« (Stenotypistin) geschrieben. Und der Bürobote tritt von der »Botenbörse« (Postabfertigungsstelle der Firma) aus seinen Botengang an. Unter »Postbüdel« ist allerdings weder dieser Firmenbote noch ein amtlicher Postsack zu verstehen, sondern der wirkliche Postbote (Briefträger). Für die telefonische Gesprächsvermittlung ist die »Quasselstrippe« (Telefonistin) zuständig, die, wenn sie am Firmeneingang zugleich »die Dame am Empfang« ist, gewissermaßen als »Volksempfänger« fungiert.

Der Hausmeister agiert als »Kommandeur des Putzlappen-Geschwaders« (Raumpflegerinnen). Er sorgt für den zweckdienlichen Einsatz der ihm unterstehenden »Putzkolonne«. Dabei ist »Putze« absolut keine abwertende Bezeichnung für die Raumpflegerin. Ist sie besonders emsig, nennt man sie »Putzlaputz«. Das gilt auch für die übereifrige Hausfrau. Nur die Schmuddelige, die nur »einfach so überhin wischt«, muss sich gefallen lassen, als »Smeerlapp« (Schmierlappen) angesehen zu werden.

Die Toilettenfrau in der Gaststätte heißt »Mudder Wischmann«, die Waschfrau »Frau Saubermann«, und der Straßenfeger wird in Bremen zum »Pottenkleier« (Potten = Straßenschmutz). Dafür nennt man den (heute durch Reinigungswagen ersetzten) Gleisreiniger der Straßenbahn einen »Ritzenschieber«, und die früher mit dem handgeschobenen Gleishobel wirkenden Schienenhandwerker wurden von den Kindern wegen des beim Abschleifen verursachten Kratzgeräusches »Kritzenkratzer« getauft.

Die freien Berufe und die Staatsdiener sind in diesem Namensreigen ebenfalls würdig vertreten. »Afkaat« kann logischerweise nur der Advokat (Rechtsanwalt) sein, der im Streitfall von der unterliegenden Partei wohl auch als ein »Rechtsverdreher« angesehen wird. Muss ein Gerichtsvollzieher säumige Beträge einpfänden, dann kommt der »Pannemann« (Pfändungsbeamter). Wer sich jedoch vor solcher Misere schützen will, kann vielleicht vorher die »Kortenleggersch« (Wahrsagerin) befragen, die, wenn sie Unheil vorausahnt, dann als »Speukenkiekersch« (Geisterseherin) gilt. Da hilft auch der große Pump beim »Halsafsnieder« (Geldverleiher) nicht mehr viel. Ist einem der Ärger endgültig auf den Magen geschlagen und kann der »Quacksalber«, der »Knokenbreker« oder der »Piendokter« (Arzt) nicht mehr weiterhelfen, muss das Hausmittel des »Aftekers« (Apothekers) herhalten, der als »Pillendreiher« und »Giftmischer« die beruhigenden Tabletten und Pülverchen zusammenmixt. Und wenn es Schwierigkeiten mit dem »Esszimmer« gibt, muss der »Muuldokter« als »Kusenklempner« (Zahnarzt) tätig werden.

Der Schulmeister »soll die Kinner was lernen und ihr auffe höhere Schule raufhelfen«, was »gaanich so einfach is, wenn se »pattu« (partout) nich begreifen wolln«. Da musste früher wohl der Rohrstock nachhelfen und den Lehrstoff einbläuen. Deshalb heißt der Lehrer immer noch, zugegebenerweise ein wenig abfällig, »Pauker« oder sogar »Arschpauker«.

Zur fünften Bremer Jahreszeit, dem »Bremer Freemaak«, ziehen »Muskanten« und »Lierndreiher« durch die Straßen (Musikanten und Orgeldreher). Dabei ist zuweilen auch Blasmusik eines einzelnen Posaunisten zu hören, das ist der »Blickpuuster« (Blechbläser). Und wenn einer Klavier spielt, ist es der »Klimperheini« (Pianist). Als Gesangssolistin tritt die »Heulboje« auf, und der Chor übt als »Blarrvereen« (Gesangverein) das »Blarren« oder »Plärren« = Heulen. Die im Theater-Ballett mitwirkende »Hupfdohle« ist unschwer als Tänzerin zu erkennen. Beim Schauspieler und Alleinunterhalter gibt es feine Unterschiede; je nachdem wie er »ankommt«, gilt er als »Juxmajor«, »Possenrieter«, »Kompanieclown«. Einen leicht anrüchigen Beigeschmack hat der Begriff »Piesel« (Gastwirt), doch wird dabei vergessen, dass der Ursprung ein echt niederdeutsches Wort ist, denn es kommt von »Pesel«, das ist die Bauernhausdiele, wie sie heute noch in Schleswig-Holstein heißt. Guckt einer bei ihm zu tief ins Glas oder ist jemand fest »mit der Flasche verheiratet«, gilt er als »Schnapsdrossel« oder »Suupsack« und muss sich wohl oder übel den Ehrentitel »Kömnees« gefallen lassen. »Köm« heißt Kümmelschnaps und gilt im Niederdeutschen für den »klaren Schluck«. Und wo kauft man den Schnaps? Beim »Tütenkrämer« und »Tütenpuuster« (Lebensmitteleinzelhändler) oder dem »Kaufmann an der Ecke«, der schon immer wegen der als Fassware geführten Salz- und Matjesheringe im Volksmund »Heringsbändiger« heißt.

Bremer Typ-o-logie

ORIGINALE sind lebensechte »Typ«-Gestalten, die zumeist durch eine gewisse Überbetonung ihrer Eigenschaften oder persönlicher Eigenarten besonders auffallen, sich von der Umwelt abheben oder irgendwie prägend auf sie einwirken. Hat also nichts mit Spleenigkeit zu tun, sondern ist als echte Originalität zu werten, eben als Einmaligkeit. Ihr Gehabe oder ihre Ansprüche erhalten dabei zumeist schon zu Lebzeiten einen fast legendären Wert, der sich dann in der Erinnerung zu schönen Anekdoten verdichtet.

SYMBOLFIGUREN brauchen im Gegensatz zu Originaltypen nicht unbedingt einen historischen Wahrheitsgehalt zu haben. Sie sind mehr im traditionellen oder im gesellschaftlichen Bezug zu sehen und verkörpern bestimmte ortsgebundene Besonderheiten. Als bestes Beispiel steht dafür das steinerne Standbild des Roland zu Bremen oder das Märchen-Quartett der Bremer Stadtmusikanten. Für jeden »Butenbremer« eine klare Angelegenheit, ihnen die erforderliche Reverenz zu erweisen, wenn man nach Bremen kommt. Oder vielleicht auch der Schweinegruppe in der Sögestraße.

Die Bremer Stadtmusikanten

als berühmtes Märchen-Quartett sind Symbolfiguren für Radio Bremen. Aber auch sonst sind sie beliebt in der Werbung und als Dekoration. Als Kleinmotive gesammelt, kommt in kürzester Zeit ein Sortiment von über hundert verschiedenen Gestaltungen zusammen, wie der Versuch beweist. Sie sind – im Märchen jedenfalls – die somit urkundlich verbriefte »erste echte Rentner-Band«, die musizierenden Vier: Dudo, der Esel; Bello, der Hund; Mia, die Katze; Kiki, der Hahn.

Emma

gilt hier wohl für Ehrwürdigkeit und für das Besondere. Jedenfalls insoweit man die legendäre Gräfin Emma meint, die vor Jahrhunderten den Bremern die Bürgerweide geschenkt hat, die heute der Bremer Bürgerpark ist. – Doch in der Namensgleichheit erfreut sich als Nostalgie-Relikt der kleine »Tante-Emma-Laden« an der Ecke wieder besonderer Beliebtheit wegen des gemütlichen Plausches und des kleinen Klönschnacks über den Tresen hinweg. Und als bremisches Wahrzeichen gilt inzwischen auch die Bremerhavener Möwe Emma, die auf vielen bunten Bremen-Zeichnungen munter dazwischen hüpft.

Hein Mück

heißt der Bremerhavener Junge, während er in Bremen schlichtweg der »Bremer Butjer« ist, der plietsch in die Welt schaut, pfiffig reagiert und »fix op'n Kien is«. Klar, dass die Vegesacker sich ihre Symbolfigur in gleicher Richtung gesucht haben, eben als Vegesacker Jung. Aber das ist eigentlich immer ein Fischerjung gewesen.

Heini Holtenbeen

wegen seines schlürfenden Ganges so genannt, war gewissermaßen der »Edelgammler« des vorigen Jahrhunderts. Der brabbelte immer Aussprüche vor sich hin und sorgte auf seine besondere Weise für seinen Lebensunterhalt: »Kannst mi mol nen Groschen lehn, kreegst anner Johr wedder!« – Und dann bediente er sich ganz ungeniert am Börseneingang der von den Kaufleuten dort abgelegten Zigarrenstummel.

Juxmajor

ist die volkstümliche Verkürzung von »Jacobus major«, dem Schutzheiligen der im Mittelalter von Bremen nach Santiago de Compostela in Nordspanien ausgehenden Pilgerfahrten. Sein Standbild hat die Jahrhunderte überdauert und steht jetzt an der Ostgiebelwand der Martinikirche. Er wird im Kinder-Abzählreim genannt, wenn die Kleinen singen: Edelmann, Bedelmann, Dokter, Pastor, Kaiser, König, Juxmajor.

Käppen Brass

gilt für den Urtyp des Seemannes, der als »master next god« Großsegler »um die Hörn« (um Kap Hoorn) gefahren hat und der so viele Geschichten aus seiner Fahrenszeit zu erzählen weiß. Dass diese Art von Seegeschichten nicht ausstirbt, darum bemüht sich einer unserer zeitgenössischen Schriftsteller ganz besonders mit der achtersinnigen Figur des »Käppen Möhlenbeck«.

Übrigens: Ein Kapitän hat ein Schiff gefahren, aber der Seemann ist auf einem Schiff gefahren; das ist eben einer der feinen Unterschiede der Seemanns-Sprache.

Fisch-Lucie

Die zur Legende gewordene kinderreiche Fischfrau hat mit den ihr zugeschriebenen Aussprüchen schon für viele Anekdoten hergehalten. Lucie Flechtmann war Ahnfrau und Idealgestalt der deftigen Marktfrau mit Herz und Mundwerk auf dem rechten Fleck. Aus dem Geblüt sind in den nachfolgenden Generationen viele Fischhändler hervorgegangen, die mit Stolz auf diese Stammutter verweisen. In ihrer Hilfsbereitschaft war sie das, was man in Bremen mit »Gemüt wie ein Ascheneimer« bezeichnet.

Sarg-Meyer

vom Berufsstand her Tischlermeister und von »Professchon« ein bekannter Bestattungsunternehmer, war Hermann Meyer zugleich in vielen Vereinsvorständen und in zig Ehrenämtern tätig, ein echter Vereins-Meyer. Sein Standardausspruch war: »Wir Einzelhändler müssen doch gut zusammenhalten!« – Und zu Freunden meinte er immer aufmunternderweise : »Komm mal vorbei, kannst mal probeliegen!« – Manchmal setzte er noch ergänzend hinzu: »Kannst dir aber noch'n büschen Zeit lassen, bis die neuen Modelle da sind!«

Vadder Sengstake

das Urbild des trockenhumorigen »s-teifen« Bremers; zierte über viele Jahre die Plakate des Bremer Freimarkts, selbstverständlich bei Bratwurstgenuss – »wo keinein an vorbeigehn kann«. – Ist ja auch ein Altbremer Familienname, und ihm werden mancherlei Anekdoten zugeschrieben. Das Gegenstück dazu ist »Mudder Meyerdierks«.

Roland

»Roland der Riese – am Rathaus zu Bremen, steht er, ein Standbild standhaft und wacht.«

So wird er im Volkslied besungen und ist er der steinerne Inbegriff für Bremens Unabhängigkeit und für das Freiheitsstreben seiner Bürger. Doch auch zu Kinder-Abzählreimen muss er herhalten: »Roland mit de spitze Knee, segg mol, deiht di dat nich weh?«

Und zur Karnevalszeit wird er seit Jahren dadurch besonders geehrt, indem jedes Jahr ein neuer »Ritter zum lächelnden Roland« gewählt wird, der ihm in einer humorvollen Rede die nötige Ehrerbietung zu erweisen hat.

Gesche Gottfried

wurde im vorigen Jahrhundert auf dem Domshof als mehrfache Giftmörderin hingerichtet. Dort ist im Straßenpflaster ein etwas größerer Stein mit einem eingemeißelten Kreuz eingelassen, der noch heute im Volksmund »Spuckstein« heißt, so abscheulich waren ihre Taten. Allerdings dürfte die tadelnde Redensart »... das sieht hier aus wie vor Gesche ihrem Bett« wohl kaum auf diese Blaustrumpf-Frau zurückzuführen sein.

Richter Smidt

sprach auch im Dienst meist nur platt und ließ sich durch schwafelnde Aussagen nicht vom Thema ablenken. Er »kannte seine Pappenheimer«. Bei »kleinen Sündern erging dann zumeist ein schnelles Urteil«. – »Kurzen Prozess machen«, sagt man heute noch in Bremen für die schnelle Beendigung einer unangenehmen Sache. – Das klang dann wohl so: »Wat hest du dohn?« – »Ick, nix!« – »Un wat för een büst du?« »Zigarrnmoker!« – »Dree Dage!«, soll es dann wohl geheißen haben, eben weil die immer was auf dem Kerbholz hatten, die Buntentorschen Tabakschmuggler.

Großer Manitu

nennen seine politischen Freunde den damaligen Präsidenten des Senats, Bremens Bürgermeister Hans Koschnick. Man kennt ihn auch als »Hans, den Polit-Schnellsprecher«, dessen flinke Gedanken immer schneller sind als die flotten Reden und die schnellen Reisen. Das ergibt in der Haspelei manchmal die tollsten Wortverkürzungen, wie z.B. Bundesausmister (Bundes-Außenminister) oder Unterschuss (Untersuchungsausschuss), um nur zwei einfache Beispiele zu nennen.

Wilhelm Kaisen

»us Willem«, Bremer Bürgermeister nach dem Krieg, ist immer mit Humor und Optimismus an die Dinge herangegangen, ohne dabei den klaren Blick für die Gegebenheiten zu verlieren. Von ihm gibt es viele Aussprüche; auch solche, die andere als von ihm stammend verbreitet haben. »Wenn's man nur für Bremen gut ist, will ich das wohl gesagt haben«, meinte er dann dazu. Sein Zuspruch war immer derb und klar: »Kiek nich in't Muuslock, kiek in de Sünn!«

Wi armen Fuhrlüüd

ist noch heute der Name des alten Stammtisches Bremer Spediteure, die sich nicht genieren, der alten Zeiten zu gedenken, als man noch »mit'n Peerwagen« das Exportgut zum Hafen bringen musste. Und weil der Fuhrlohn schon immer karg bemessen war, hat sich der Stammtischname über die Jahrzehnte so erhalten. Heute ist das bewusste berufliche Tiefstapelei. – Jedoch

Mudder Cordes mit ihrem Esel Anton hat schon damals nicht dazu gehört. Sie war ein winziger Alleinbetrieb mit noch kärgerem Dasein.

Bremer Aal-Onkel

Hans Hurrelmann ist überall in Bremen bekannt, zwar weniger mit seinem richtigen Namen, dafür jedoch umso mehr als der wortgewandte Bremer Aal-Onkel. So ist er fünfzig Jahre lang mit Schipperjacke, Mütze und Regenschirm ausstaffiert und mit Henkelkorb versehen mit regelmäßiger Wiederkehr in den Büros erschienen. Zunächst steckte er vorsichtig den Kopf durch die Tür und fragte dann: »Hett' all Geld geben?« Alsdann deckte er seinen Korb auf, breitete die leckeren Räucheraale aus, die er so anpries: »De mutt fien rosa un knackig sien as de Bost von de junge Deern. Must di de Fingers na slicken!« …

King Richard

Zum Wiederaufbau Bremens nach dem Zweiten Weltkrieg und zur schnellen Erstellung von viel neuem Wohnraum gehörte außer politischem Wagemut ebenso viel unkonventionelle Finanzierungsartistik. Beides besaß »King Richard« in wahrlich hohem Maße, und er setzte sich gern schwungvoll über kleinkarierte und parteiliche Bedenken hinweg, auch wenn er letztlich dabei stolperte. Aber »Boljanowgrad« wird noch lange davon zeugen.

Mister ECHO

Mit dem Namen seiner Zeitung »neustädter ECHO« hat er sich selbst so stark identifiziert, dass Erhard Stark allenthalben während seiner dreißigjährigen Tätigkeit und vor allem bei den vielen von ihm initiierten Neustädter Veranstaltungen als der »ECHO-Mann« oder eben als »Mister ECHO« bekannt war. Sein unerschütterliches Verhaltensmotto war stets: »In der Ruhe liegt die Kraft!« – Und seine liebste Begrüßung war »Hallo Nachbar«.

Bremer Namensgebungen und Namensdeutungen

Alte Flurnamen und frühere Ortsbezeichnungen würden, weil sich das Stadtbild und das Ortsgefüge im Laufe der Jahrhunderte doch erheblich wandeln, sehr leicht der Vergessenheit anheimfallen, wenn man sie nicht in Straßenbenennungen weiter erhielte. Doch man geht solange achtlos daran vorbei, bis einmal der eigene Sohn oder ein wissbegieriger auswärtiger Besucher bei einem Spaziergang danach fragt. Dann zeigt sich, ob man selbst in der bremischen Geschichte einigermaßen bewandert ist. Nur »kann ein'n bannig inne Kniep kommen«, wenn er die rechte Antwort nicht weiß und sich vor lauter Verlegenheit den Kopf kratzen muss.

Inzwischen wird solche Namens-Tradition sogar wieder gepflegt, und man geht vielerorts – auch in Bremen – dazu über, bei der Neubenennung von Straßen und Plätzen auf historische Begriffe zurückzugreifen, wenn nicht gerade der Name eines Politikers auf solche Weise verewigt werden muss.

Die Altstadt Bremens wird von einem Grüngürtel umfasst, den einstmals kluge Bremer auf den alten Befestigungsanlagen gestalteten und damit dem Stadtkern ein besonderes Gepräge gaben. Nach diesem Vorbild hat man später etwas Gleichwertiges auch auf den Neustädter Wallanlagen getan, so dass sich dadurch ein großes Grünoval ergibt, das vom Weserstrom durchschnitten wird. An die alten Funktionen erinnern noch heute die Namen von Stadttoren (Stadtteilen) und von Stadtmauerpforten:

Stephanitor
führte aus der sog. Steffensstadt, der westlichen Altstadt, zum Stephanitorsbollwerk unterhalb der Stephanibastion, nahe dabei stand der Stephanitors-Zwinger.

Doventor
heißt eigentlich »Taubes Tor«, weil es ein Stadtausgang ohne eine weiterführende Heerstraße war.

Abbentor
eigentlich Abbentorspforte, »Porta Abonis«, war nur eine kleine Pforte zwischen Doventor und Ansgaritor und soll nach Abbo, einem dort ansässigen Grundbesitzer, benannt worden sein.

Ansgaritor

nach St. Anschar / St.-Ansgarii-Kirche benannt, nach dem »Apostel des Nordens« Erzbischof Ansgar (801 – 865).

Herdentor

hieß auch Porta Gregum (Herdentor); Porta Pastoris (Hirtentor); Porta Porcorum (Schweinetor): als Tor zur Bürgerweide hin. Die moderne Bronze-Skulpturengruppe in der Sögestraße erinnert augenfällig daran.

Bischofstor

richtiger Bischofsnadel, war angeblich nur dem Bischof vorbehalten. Nadel heißt enger Durchlass, ist hier also als Pforte zu verstehen. Im Altertum und Mittelalter verstand man darunter die kleine Nebenpforte neben einem Haupttor zur Einzelöffnung nach Toresschluss. Aus dieser Bedeutung erklärt sich auch der Sinn des Sprichwortes, dass ein Kamel nicht durch ein Nadelöhr passt.

Ostertor

als ostwärtiger Stadtausgang wird 1267 erwähnt, es war verziert mit Torturm und Staffelgiebel; und ganz in der Nähe stand der Ostertor-Zwinger.

Steintor

ist eigentlich ein Übersetzungsfehler, denn gemeint ist »torn«, weil es sich um den Steinturm am Dobben handelte.

Brückentor

am Ende der Wachtstraße zur Weser hin, ist beim späteren Brückenneubau im 19. Jahrhundert abgetragen worden.

Franzosentor

am Vorwerk Wolfskuhle war ein schmiedeeisernes Tor, in das erbeutete Gewehrläufe eingearbeitet worden waren und das daher seinen Namen erhielt. Es hat in Teilstücken beim alten Focke-Museum Wiederverwendung gefunden.

Buntentor

hieß ursprünglich Sudertor und war das Tor neben der »Bonte Brücke« = Bonte Brücken Thor, erbaut 1730. Vor dem Tor wohnten die Zigarrenmacher, die »Gelbeen« genannt wurden und denen man nachsagte, »dat se Feddern an de Been hebbt«.

Hohentor
das »Hohe Tor«, 1630 erbaut, hieß zuvor Westerthor. Die daraus stammende Justitia-Figur ist noch erhalten und steht seit 1973 in den Neustädter Wallanlagen.

Zur herkömmlichen Vorstellung von Stadttoren gehört auch das Vorhandensein von Torhäusern. Darüber kann in dieser Betrachtung ebenfalls einiges gesagt werden:

Torhäuser
im Neo-Klassizismus als Wachhäuser errichtet, standen jeweils paarweise gegenüber an den Stadtausgängen innerhalb der Wallanlagen: am Doventor, Ansgaritor, Ostertor, Buntentor und Hohentor. Sie dienten nachher anderen öffentlichen Zwecken und wurden im Zweiten Weltkrieg alle zerstört bis auf die beiden am Ostertor (Wilhelm-Wagenfeld-Haus und Gerhard-Marcks-Haus). Am Ansgaritor entstand ein Nachbau.

Kleine Stadttore ohne weiterführende Heerstraßen sind Stadt-Pforten, die früher auch wohl nicht ständig geöffnet waren oder nur bestimmten Benutzerkreisen zur Verfügung standen:

Adamspforte
wurde 1885 in die Hafenstraße einbezogen und war eine Stadtmauerpforte am Westrand der Steffensstadt.

Brill
bedeutet althochdeutsch ebenfalls enger Durchlass, war eine kleine Pforte zur Steffensstadt hin.

Bonspforte
Stadtmauerpforte an der Tiefer.

Holzpforte
Stadtmauerpforte im Balgeviertel beim Stavendamm zur »kleinen Schlachte« hin, dem Platz für Holzflößer.

Nagelspforte
Stadtmauerpforte zwischen Ansgaritor und Fangturm.

Schlachtpforten
mehrere Stadtmauerpforten seit 1250 zur »Schlachte« hin, dem als Schiffsanlegeplatz befestigten Ufer. »Slait« = eingeschlagene Pfähle.

Hasenpforte
Abzugsröhre durch die Stadtmauer bei der Jakobistraße (hase / hose = Röhre); kann aber auch nach dort ansässigen Hosenschneidern genannt sein.

Huckpforte
Stadtmauerpforte, führte zu einem Anlegeplatz außerhalb der Mauer vor der Steffensstadt und musste nachts von einem »Poortensluter« verschlossen werden.

Kranpforte
Stadtmauerpforte zum Weserufer hin.

Sortie-Poort
nannte man eine kleine Auslasspforte in der Neustädter Stadtmauer. Der Name Sortillienstraße deutet noch heute darauf hin.

Als Hanse- und Bürgerstadt hat ein Stadtstaat wie Bremen mit Adelsschlössern und Ritterburgen innerhalb seiner Mauern zwangsläufig nichts im Sinn gehabt und sich gegen derartige äußere Adelseinflüsse immer erfolgreich gewehrt. Die mittelalterlichen Wehrbauten dienten dazu, sich vor unerwünschten äußeren Zugriffen zu sichern. So sind denn Türme und Burgen hier zweckdienliche Teile der Wehrbauten gewesen und lassen nur noch in den ortsgebundenen Namen die Erinnerung daran wach werden.

Aschenburg
am Geeren, im 15. Jahrhundert Kastell der Stadtmauer; Name soll von dem Besitzer Asko stammen.

Bindwams
Uferbollwerk der Doventorsvorstadt.

Braut
Zwinger und Pulvermagazin, 1522 erbaut und 1739 durch Blitzschlag zerstört; davor die brückenkopfartige Wallbefestigung »Borchwall« im 14. Jahrhundert.

Fangturm
Befestigungsturm in der älteren (damals die Steffensstadt noch nicht umschließenden) Stadtmauer, wurde als Gefängnis genutzt. Später wurde dort das Neue Kornhaus errichtet.

Gasturm
Großgasometer des 1901 gegründeten Gaswerks als Wahrzeichen von Woltmershausen. Das

Verwaltungsgebäude mit dem schlanken Vierkantturm ist ein Beispiel der Baukunst der auslaufenden »Gründerzeit« Ende des 19. Jahrhundert.

Gießhaus-Bastion

lag zwischen Herdentor und Ansgaritor und hatte seinen Namen von der dort befindlichen Geschützrohr-Gießerei. Später wurde dort die Herdentormühle (»Mühle am Wall«) aufgebaut.

Kattenturm

in Kattenesch (südl. Teil der Feldmark Neuenland), hieß auch »Arster Turm«. Wurde 1310 als Befestigung angelegt, bei der eine auf Rädern stehende Steinwurfschleuder, eine sog. »Katze«, aufgestellt wurde mit Wirkungsbereich über diese Feldmark hin.

Komturei

Niederlassung des Deutschen Ordens im Mittelalter mit Gewölben der Unterkirche.

Marterburg

von Mattenburg. »Matte« ist die dem Müller zustehende Mahlabgabe. Hier wurde Mehl in Matten (Metzen von ca. 60 Pfund) gelagert.

Muggenburg
wahrscheinlich von Mückenburg (?), am Stephanitorsbollwerk gelegen.

Pagentorn
von mittelalterlich page = Pferd, somit Pferdeturm. Ein alter Befestigungsturm an der Dobbenlinie im Bereich der Dobben-Landwehr.

Rabenturm
Stadtmauerturm am Hurrelberg (Stadtgefängnis).

Schütting
Haus der Handelskammer. Name kommt von »schossen«, d.h. Geld einsammeln und verwahren.

Schwartzpott
war eine Festungswallbastion mit einem Pulvermagazin auf dem linken Weserufer und wurde später zum Pferdegang und dann zum Kasernengelände. »Dat klart op achtern Swartpott« war eine Neustädter Redensart, wenn es nach Wetterbesserung aussah. Wittpott war eine Wasserkuhle, ein Deichbruchloch außerhalb der Neustädter Befestigungsanlagen zur Weser hin.

Torndiek
alter Flurname bei Arsten, dort stand ein Wachturm an der »Kraut-Ochtum«.

Turmkamp Wartum
alter Wehrturm in der Warer Feldmark, älteste Bremer Befestigungsanlage auf dem linken Weserufer beim Ochtumübergang. 1309 erstmals erwähnt, diente der Turm als Warte = Wathorn. Wurde 1817 abgetragen. Das älteste Gebäude der Neustadt steht noch dort, das frühere Zollhaus, jetzt »Zum Storchennest«.

Wasserkunst
nennen die alten Bremer das Bauwerk (1870) des Wasserwerks am Stadtwerder, das wegen seiner vierkantigen Gestaltung mit den vier Ecktürmen auch als »umgekehrte Kommode« bezeichnet wird.

Weserburg
ist das packhausartige Portalgebäude des Teerhofs. Es beherbergt heute ein Museum für moderne Kunst. – Teerhof ist die schmale und langgezogene Halbinsel zwischen Großer und Kleiner Weser und zwischen den beiden

Weserbrücken. Dort waren früher die Seiler (Reepschläger) ansässig, und dort wurden Schiffe kalfatert und Tauwerk geteert.

Wichelnburg
von »Weidenburg«, eine 1524 angelegte Weserbastion mit Pforte zur Großenstraße (»Wicheln« = Weidengebüsch).

In Bremen gibt es keine Berge und im weiteren Umland auch nicht, vom Weyerberg bei Worpswede oder der Großen Höhe bei Delmenhorst mal abgesehen. Schon die kleinste Erhebung wird gleich zur »Höhe«, wie bei Werderhöhe, Juliushöhe am Stadtwerder oder Altmannshöhe in den Wallanlagen.

Theaterberg
am Bischofstor (Bischofsnadel), der diese volkstümliche Bezeichnung beibehalten hat, weil dort früher einmal das Stadttheater stand. Aber diese Wallhöhe hat schon einmal anders geheißen, nämlich Tempelberg.

Jakobsberg
in der Pauliner Marsch, ein in der Plattenheide gelegener alter Hirtenhof, der jetzt Jürgenshof heißt.

Hurrelberg
von dem nur noch eine Fußgängertreppe am Ostertor vom Wall herab zeugt und wo im Mittelalter im Verlies des Rabenturms das Stadtgefängnis war.

Hulsberg
war eine außer halb Bremens gelegene Düne, die mit Stechpalmen (Hülsen) bewachsen war.

Krähenberg
nannte man eine Anhöhe auf dem Stadtwerder neben dem ebenfalls erhöht liegenden »Kuhhirten«. Es gibt aber auch noch eine gleichnamige Flurbezeichnung in Oslebshausen (Oshusen).

Riensberg
war ein altes Vorwerk vor den Toren Bremens und ist noch heute Stadtteilbezeichnung. Das alte Gut Riensberg ist Teil des dort neu etablierten Focke-Museums.

Sandberg
war schlichtweg ein Sandberg vor den Mauern der alten Steffensstadt.

Mühlenberg
am Wall, die alte Gießhaus-Bastion der früheren Stadtmauer, ließ insofern ein wenig von Bergeshöhe ahnen, wenn man die oberste Galerie der Wallmühle erklomm und von dort aus bei guter Sicht am Horizont den Weyerberg erblicken konnte. – Heute stehen Hochhäuser im Wege.

Hexenberg
ist eine Flurbezeichnung in der Wümmeniederung, wo sicherlich nächtliche Irrlichter flackerten.

Cornelia Kenklies
Sagen und Geschichten aus dem Alten Land

128 S., 14,90 Euro
ISBN 978-3-95494-261-9

»Das Alte Land ist reich an Märchen, Anekdoten und Sagen, die zumeist auf Plattdeutsch überliefert sind. Zum Glück haben literarisch begabte Altländer frühzeitig zur Feder gegriffen und uns einen tiefen Einblick in Sitten, Gebräuche und Mentalität hinterlassen.

Aus dieser reichen Quelle durfte ich schöpfen, sammeln, zusammentragen und übersetzen. Wir alle stehen auf den Schultern unserer Ahnen. Ihnen gebührt der Dank. Ohne ihren Fleiß und ihre Heimatliebe hätte dieses Büchlein nicht erscheinen können.«

Cornelia Kenklies

Wilko Jäger
Sagen und Geschichten aus dem Teufelsmoor, Bd. 1-4

je 112 Seiten
ISBN 978-3-95494-256-9
ISBN 978-3-95494-257-2
ISBN 978-3-95494-262-9
ISBN 978-3-95494-258-9

Die Sagen und Geschichten aus alter Zeit basieren zum Teil auf mündlichen Überlieferungen, finden sich aber auch in heimatkundlichem Schriftgut wieder. Wilko Jäger hat die Texte über mehrere Jahre zusammengetragen und neu verfasst. Sagen sind ortsgebunden und damit ein geheimnisvoller Schlüssel zum Zugang in die Heimatgeschichte.

Heike Bloom
Karin Sohnemann
Sagen und Geschichten aus der Lüneburger Heide

128 S., 14,90 Euro
ISBN 978-3-95494-254

Die Autorinnen haben au allen Teilen der Lüneburg Heide Sagen und Geschichten gesammelt, die in diesem Buch neu erzäh werden.

»Ein kurzweiliges Buch mit Kurzgeschichten, wie man sie heute auch wied für Besonderheiten in der Heide neu entdeckt hat. Geschichten, die die Fant sie der Leser beflügelt.«

Mathias Zimmermann (Geschäftsführer Verein NaturschutzPark)